榜样｜**影响时代的力量**

每一个时代，
值得我们追随的人
条坚实的路径；这
的航标。

王志艳⊙编著

告诉你一个
丘吉尔 的故事

天津出版传媒集团

天津人民出版社

图书在版编目（CIP）数据

告诉你一个丘吉尔的故事 / 王志艳编著 . -- 天津：
天津人民出版社 , 2013.1（2018.10 重印）
（巅峰阅读文库 . 榜样：影响时代的力量）
ISBN 978-7-201-07846-5

Ⅰ . ①告… Ⅱ . ①王… Ⅲ . ①丘吉尔，
W.L.S.（1874 ~ 1965）—生平事迹—通俗读物 Ⅳ .
① K835.617=5

中国版本图书馆 CIP 数据核字 (2012) 第 303248 号

告诉你一个丘吉尔的故事
GAOSU NI YIGE QIUJIER DE GUSHI

出　　版	天津人民出版社
出 版 人	黄　沛
地　　址	天津市和平区西康路 35 号康岳大厦
邮政编码	300051
邮购电话	（022）23332469
网　　址	http://www.tjrmcbs.com
电子信箱	tjrmcbs@126.com

责任编辑	李　荣
装帧设计	映象视觉

制版印刷	永清县晔盛亚胶印有限公司
经　　销	新华书店
开　　本	690×960 毫米　1/16
印　　张	10
字　　数	100 千字
版次印次	2013 年 1 月第 1 版　2018 年 10 月第 3 次印刷
定　　价	29.80 元

前 言

历史发展的每一个阶段，都有值得我们追随、激励我们奋进的榜样。他们或以其深邃的思想推动了世界文明的进步，或以其叱咤风云的政治生涯影响了历史的进程，或以其在自然科学领域中的巨大成就造福于人类……

因为有了他们，历史的车轮才会不断前行；因为有了他们，历史的内容才会愈加精彩。他们已经成为历史长河的坐标，引领着我们走向更加深邃的精神世界和更加精彩的物质世界。今天，当我们站在一个新的纪元回眸过去的时候，我们不能不提起他们的名字，因为是他们改变了世界，改变了人类社会的发展格局。了解他们的生平、经历、思想、智慧以及他们的人格魅力，也必然会对我们的人生产生重大的影响。

为了能够了解并记住这些为人类历史发展作出过巨大贡献的人物，经过长时间的遴选，我们精选出60位最具时代性、最具影响力、最具代表性的人物，编写成这套《榜样：影响时代的力量》丛书，期望通过这套青少年乐于、易于接受的传记体裁的丛书，对青少年读者的成长产生潜移默化的影响，使他们能够从中汲取有益的精神元素，立志成才，为祖国、为人类作出自己的贡献。

本套丛书写作角度新颖，它不是简单地堆砌有关名人的材料，而是精选了他们人生中富有代表性的事件和故事，以点带面，从而折射出他们充满传奇的人生经历和各具特点的鲜明个性。通过阅读本套丛书，我们不仅要了解他们的生活经历，更要了解他们的奋斗历程，以及学习他们在面对困难、失败和挫折时所表现出来的杰出品质。

　　此外，书中还穿插了许多与这些著名人物相关的小知识、小故事等。这些内容语言简洁，可读性强，既能开阔青少年的阅读视野，又可作为青少年读者学习中的课外积累和写作素材。

　　我们相信，这是一套能令青少年读者喜爱的传记丛书。通过阅读本套丛书，我们也能够真切地了解到这些伟大人物对一个、乃至几个时代所产生的重大影响。

　　现在，就让我们一起翻开这些杰出人士的人生故事，走进他们生活的时代，洞悉他们的内心世界，与这些先贤们"促膝谈心"，让他们帮助我们洞察人生，鼓舞我们磨炼心志，激励我们永远奋进，走向成功！

Sir Winston Leonard Spencer Churchill

导 言

　　温斯顿·伦纳德·斯宾塞·丘吉尔（1874—1956），英国著名的政治家、画家、演说家、作家及记者，曾两度出任英国首相，被认为是20世纪最伟大的政治领袖之一、"最伟大的英国人"、近百年来世界上最有说服力的八大演说家之一。

　　丘吉尔出身于声名显赫的贵族之庭，其祖先玛尔巴洛公爵是英国历史上的著名军事统帅，在安妮女王时代曾权倾一时。他的父亲伦道夫勋爵在青年时期也奋斗不止，最终登上英国政坛，任仅次于首相的职务——财政大臣。祖先的丰功伟绩、父辈的政治成就以及家族的荣耀都成为丘吉尔一生奋斗不息的动力。

　　小时候的丘吉尔并不是一个聪明的孩子，甚至有些笨拙，在学校里的表现不突出，成绩也不大好。正因为如此，他才在父亲的安排下选择了军事学校。虽然丘吉尔因成绩不好而没能进入大学，但却获得了渊博知识和多方面才能。这些都是他在部队服役期间挤出时间，通过刻苦自学得来的。渊博的学识使丘吉尔的思想更加深刻，人生信念更加坚定，也使他成长为了"我们生活的时代里最杰出和多才多艺的人"。

　　第二次世界大战初期，英、法等国遭受德意法西斯的侵略，处于极端不利的境地，张伯伦内阁倒台。在国家和民族危亡之际，丘吉尔临危受命，毅然组建起了战时内阁。

　　在强敌压境之际，丘吉尔广泛施展外交、军事手段，指挥了敦刻尔克撤退，打响了不列颠保卫战，指挥了北非登陆战和诺曼底战役，终于扭转了第二次世界大战的局势，带领英勇的英国人民取得了胜利，为世界反法西斯战争的全面胜利作出了突出的贡献。毫不夸张地说，他是一位伟大的政治家，更是一位伟大的战士！

　　1965年1月24日，一代伟人丘吉尔因病逝世，终年91岁。

　　本书从丘吉尔的儿时生活开始写起，一直追溯到他所创造的伟大业绩及所取

1874—1956

得的辉煌成就，再现了这位20世纪最伟大的英国首相叱咤风云的传奇人生，旨在让广大青少年朋友了解这位伟大人物不平凡的人生经历，学习他那种坚定、勇敢、不屈不挠的高尚品格，以及他为祖国和人民英勇不屈的斗争精神和不达目的决不罢休的坚强意志。

告诉你一个丘吉尔的故事 / 目录

contents

Sir Winston Leonard Spencer Churchill

Contents
目　录

1874—1956

第一章　缺乏关爱的童年

悲观主义者从每个机会中看到困难，乐观主义者从每个困难中都能看到机会。

——丘吉尔

（一）

英国是世界近代史上最大的殖民国家。从16世纪开始，善于航海的不列颠人便凭借着强大的海上力量远涉重洋，在海外拓展殖民地。到维多利亚女王（1837—1901年在位）统治的中期，英国领有的土地已经遍及包括南极洲在内的五大洲、四大洋。殖民者们甚至洋洋得意地宣称：

"英国的太阳永远不会落下。"

英国也因此成了名副其实的"日不落帝国"。广阔的殖民地不但为英国资本主义发展提供了廉价的原料产地，也为资本家们提供了倾销工业品的市场。大英帝国的经济、文化、科学和工业出现了全面发展的蓬勃景象。

太平盛世催生了上流社会的奢靡之风。平日里，贵族们都住在乡间别墅，过着几乎足不出户的生活，仅和少数朋友及亲戚保持着有限的交往。然而每当冬季来临之时，这些贵族们就会像候鸟一样，纷纷离开乡间别墅，搬到位于伦敦的大宅中。这些身兼议员之职的贵族和富人返回伦敦是为了参加议会召开的定期会议。他们的家眷及仆役也会跟随他们一同搬到繁华的市区。一年一度的伦敦社交季就此开始了。

白天，穿着考究的绅士们或在议会中侃侃而谈，或三五成群地聚在沙龙里讨论政治、哲学等高深莫测的话题；淑女们或慵懒地斜躺在宽大、舒适的沙发上阅读煽情的伤感小说打发时间，或乘坐华丽的马车上街购物、走亲访友……

黄昏时分，豪华的宅邸便热闹起来。门前车水马龙，屋内也熙熙攘攘。绅士们三三两两地信步走到门口，等待男仆向男主人通报。淑女们的派头则大得多，她们多半都会带着漂亮的贴身侍女，乘坐马车，款款而来。女仆们大都提着一个精美的小行李箱，那里装满了为晚宴、酒会、舞会等不同场合而准备的服装。

晚宴开始后，男女主人坐在长餐桌的两端，客人们也会按性别分坐在两边。餐桌上的食物丰盛而又讲究，进餐礼仪也十分繁琐，但这并不是晚会的重点，在场的每一个人都在焦急而又不露声色地等待着晚宴结束。

当众人终于如愿以偿之后，淑女们会在女主人的引领下走向专门为她们准备的更衣室，更换服装。绅士们则会在男主人的招呼下，一边频频举起手中的酒杯，一边耐心地等待邀请他们心仪的女子共舞一曲。

灯光渐渐暗了下来，欢快的华尔兹响了起来，众人期待的舞会终于开始了。绅士们纷纷离座，走向舞池，邀请已在那里静静等待的女子一曲又一曲地跳舞。这种欢快的舞会不仅是贵族们交流政见、增进了解的平台，也是青年男女们谈情说爱的好去处。伦道夫·亨利·斯宾塞·丘吉尔和他的妻子珍妮·杰罗姆便是在舞会上认识的。

1873年的一天晚上，正在挑选舞伴的伦道夫一下子就被宛若天仙的珍妮吸引了。他轻轻走到女主人的身边，望了一下珍妮，轻声问：

"夫人，那位女子是谁？"

女主人回答说：

"伦道夫勋爵先生，你大概还不知道，她是美国富商莱纳德·杰罗姆的女儿珍妮。"

伦道夫笑而不语，告别了女主人，径直走向珍妮。他左手收拢在背后，右手伸到珍妮的面前，微微一弯腰，轻声说：

"斗胆邀请小姐共舞一曲，还请杰罗姆小姐赏光！"

珍妮落落大方地把左手递到伦道夫的右手上，嫣然一笑，算是应允了。伦道夫微微一低头，在珍妮的手背上轻轻吻了吻。

两人走向舞池，跳起了欢快的华尔兹。他们的舞步是那样轻盈、那样欢快、那样优美，以致全场的人都停了下来，静静地看着他们。

女主人在旁边会心一笑，低声道：

"真是天造地设的一对！"

两人越跳越默契，越跳越开心。一曲终了，一曲又响起，两人一直跳到曲终人散，才恋恋不舍地分开了。

（二）

自从第一次见到珍妮之后，伦道夫便深深地爱上了她。珍妮的心中也燃起了一股熊熊的爱情之火。不久，伦道夫便向珍妮表明了心迹。两人双双坠入了爱河。

伦道夫虽然其貌不扬，但家世却极其显赫。他的祖先约翰·丘吉尔曾于18世纪初率部驰骋于欧洲大陆，在马斯河战役、布兰尼姆之战中为不列颠赢得了荣誉。为了表彰他的功勋，安妮女王不但封他为玛尔巴洛公爵，封赏给他数千亩领地和50万英镑，还在伦敦郊外为他修建了豪华的宫殿。宫殿就以约翰获得荣誉的战役命名，称为布兰尼姆宫。布兰尼姆宫建筑恢弘，美轮美奂。周围的庄园则是一派田园风光，秀丽而又不失淳朴。

伦道夫的父亲约翰·温斯顿·斯宾塞·丘吉尔已经是第七代玛尔巴洛公爵了。当时，除了王室之外，整个英国只有20个公爵，玛尔巴洛公爵的名望在这些公爵中名列第十。

玛尔巴洛公爵七世是一个典型的英国绅士，行为拘谨，性格古板，笃信宗教，甚至给儿子写信也像是宣教布道。他有3个儿子，伦道夫是最小的一个。伦道夫意志坚强，具有雄辩之才。在父亲的帮助下，他在24岁时就成为伍德斯托克选区著名的政治家，并代表选区进入了议会。

父亲对伦道夫寄予厚望，但没想到他却爱上了一个美国富商的女儿。尽管杰罗姆家族很有钱，却没什么社会地位。在思想传统的玛尔巴洛公爵七世看来，杰罗姆家族根本不配和地位显赫的丘吉尔家族联姻。

然而，伦道夫并没有被传统思想所束缚，他坚持要娶珍妮为妻，大有一副"非珍妮不娶"的样子。珍妮也死心塌地地爱着伦道夫，并宣称：

"非伦道夫·丘吉尔不嫁！"

两人的坚决终于打动了玛尔巴洛公爵七世。1874年4月，伦道夫和珍妮在英国驻法国大使馆中举行了婚礼。莱纳德·杰罗姆先生对这桩婚事非常满意，不仅极力赞成他们的婚事，还答应每年为他们提供2000英镑的生活补贴。

婚后，年轻的伦道夫夫妇更加恣意地享受着灯红酒绿的生活。他们谁也没有注意到，一个小生命正在珍妮的肚子里悄悄地孕育着。

1874年11月30日的凌晨，布兰尼姆宫像往常的社交季节一样，被通明的灯火照得富丽堂皇，正在举行盛大的舞会。作为伦敦社交界的新宠，伦道夫夫人吸引着无数年轻绅士的目光，众人纷纷盼望着能与她共舞一曲。

然而，她那欢快的舞步突然停了下来，双手捂着肚子倒在地上，痛苦地呻吟起来。

悠扬的华尔兹戛然而止，人们纷纷围在伦道夫夫人的身边，七嘴八舌地问道：

"夫人，您怎么啦？"

伦道夫急忙穿过人群，赶到妻子身边，紧握妻子的手，关切地问：

"你怎么样了？先到房间里休息一下吧。"

侍女们闻声赶至，搀起伦道夫夫人走向离舞池最近的更衣室，伦道夫紧随其后。一名年龄较大的侍女拦住了他，轻声说：

"先生，请您在门外等候，夫人要生产了！"

伦道夫闻言大惊道：

"怎么？我是要当父亲了吗？"

一名贵族妇女点点头，然后大声说：

"还是快点去请医生吧。"

伦道夫这才吩咐一名男仆驾车去请医生。伦道夫焦急地在更衣室门外走来走去，完全失去了往日的镇静。众人都站在舞池边上，交头接耳地议论着。有人说：

"他们才结婚7个多月，怎么这么快就要生产了呢？"

"莫不是早产儿吧！天呐，这可怎么是好！"

……

突然，更衣室里传出一阵婴儿的哭声。伦道夫急不可待地准备推开更衣室的门去看个究竟，门却突然被从里面打开了，一名侍女满面笑容地说：

"祝贺您，伦道夫勋爵，夫人产下了一名健康的男婴。"

次日一早，伦敦的《泰晤士报》便报道说：

"丘吉尔家族又添新贵！昨天晚上，伦道夫夫人顺利产下一子。"

这个婴儿就是日后叱咤风云的英国首相丘吉尔。不过，当时谁也不曾想到这个早产儿会成为英国首相，更没有想到他会领导英国人民取得反法西斯战争的伟大胜利。

（三）

丘吉尔虽然出生于地位显赫的贵族之家，但并未感受到父母的太多关爱。生性活泼的伦道夫夫妇无法忍受布兰尼姆宫的沉闷与刻板，他们给孩子取完名之后，便匆匆返回伦敦去了。

伦道夫给孩子取的全名为温斯顿·伦纳德·斯宾塞·丘吉尔。按照当时贵族之家的传统，伦道夫夫人给丘吉尔请了一个名叫艾维莉斯特的妇人当保姆。艾维莉斯特夫人是一位生性和善的中年女性，她对待丘吉尔就像自己的亲生孩子一样，无微不至地照顾着他。

伦道夫夫人反而很少亲自照顾自己的儿子，她仍然像从前一样，沉湎于上层社会的寻欢作乐，经常出入灯红酒绿的社交场所。丘吉尔出生不久之后，她就凭借着美貌、聪慧和在巴黎生活多年所养成的优雅风度跻身于英国太子威尔士亲王那个风流而又奢华的社交圈，成了伦敦最受欢迎的贵妇人之一。

父亲伦道夫则整日里忙于政治活动，也难得来看丘吉尔一眼。每次来看丘吉尔，他也总是板着面孔，摆出一副不可亲近的样子。

因此，父母亲并没有在幼年丘吉尔的脑海里留下什么印象，反倒是保姆艾维莉斯特夫人在他幼小的心灵里留下了深刻的印象。长大之后，他亲切地将这位陪伴他多年的保姆称为"爱姆"。心理学家分析，丘吉尔倔强的脾气很可能跟他幼年时期缺乏父母的关爱有关。

1876年，丘吉尔家族遭遇了一场政治风波。伦道夫勋爵与威尔士亲王闹得极不愉快，亲王甚至公开声称要和他进行决斗。无奈之下，伦道夫只好到爱尔兰的首都都柏林担任总督秘书一职。当时，玛尔巴洛公爵七世正在担任爱尔兰总督之职。

一年之后，刚满3岁的丘吉尔便随家庭一起迁居爱尔兰。不久，伦道夫夫妇又为丘吉尔生下一个弟弟，取名杰克。

他们在爱尔兰的新家坐落在离总督府不远的凤凰公园附近。这是一个被郁郁葱葱的灌木丛林包围着的小村庄，环境幽雅、宁静，生活悠闲、自由。保姆艾维莉斯特夫人常常带着丘吉尔和杰克出去观赏哑剧，在林中游玩。

　　小时候的丘吉尔有些笨拙，到2岁多才学会说话。稍大一些时，父亲为他请了一位家庭教师，对他进行启蒙教育。但他的学习能力也不强，常常记不住或听不进去老师所讲的内容。当时，数学和拉丁文是他最讨厌的科目。他还常常逃学，无论家庭教师如何训斥，他都置若罔闻。

　　有一次，为了躲避上课，丘吉尔竟然偷偷躲入附近的灌木丛中，艾维莉斯特夫人找了好几个小时才在一棵大树后面找到他。这时，小丘吉尔的倔强劲爆发了。面对家庭教师的质问，他采取了闷声对抗的策略。不一会儿，他又突然握紧拳头，一边猛力跺脚，一边高声怒吼着。最后，连家庭老师也拿他无可奈何。

　　1880年，玛尔巴洛公爵七世在爱尔兰任职期满，伦敦的政治氛围也发生了变化。于是，伦道夫勋爵又带着家人返回了伦敦。

　　回到伦敦后，伦道夫勋爵更加热心于政治活动，后来还担任了5个月的财政大臣，这在内阁中是仅次于首相的职务。但这让丘吉尔和弟弟杰克得到的父爱更少了。

　　1881年，7岁的丘吉尔被送到阿斯科特的圣乔治学校读书。这是一所专门招收贵族子弟的寄宿学校。开学那天，丘吉尔拉着艾维莉斯特夫人的衣襟，哭闹着不愿离开家门，他不知道离开父母和保姆之后该怎样生活。优越的家庭条件使丘吉尔养成了极强的依赖性，什么都不会做。多年之后，他的政敌曾为此讽刺他说：

　　"除了能娴熟地点燃他的雪茄烟以外，他还会什么呢？"

　　善良的艾维莉斯特夫人劝导他说：

　　"傻孩子，学校里有那么多小朋友跟你做伴，怎么会孤单呢？"

　　丘吉尔依然不安地问：

　　"他们能像你一样关心我吗？"

　　艾维莉斯特鼓励他说：

"小伙伴们在一起玩多开心啊！他们肯定会比我给你带来更多的乐趣的。你是一只勇敢的小雄鹰，现在翅膀硬了，应该到外面和小伙伴一起练习飞翔啊！"

听了艾维莉斯特夫人的话，丘吉尔立即联想到天空中那展翅飞翔的雄鹰。半晌，他挺了挺小胸脯，擦干眼泪，很自信地走出了家门。

就这样，7岁的丘吉尔开始了他的寄宿生活。

（四）

圣乔治学校的条件非常优越，校园内不但有豪华的游泳池、宽大的足球场和板球场，甚至装了当时还十分少见的电灯。学校的师资力量在全国也是首屈一指的，且实行小班教学，每班只有10名学生。非常不幸的是，学校的教育方式极其刻板，教学方法也非常严厉。

在学校里，顽劣的丘吉尔免不了要受到老师的责罚。有一次，他站在桥上，准备跳到靠桥较近的一棵树上去。可他却算错了距离，当他纵身跃起之时，没能像想象中那样稳稳当当地抓住树枝，而是一下子摔到了地上！

小伙伴们被吓坏了，立即慌乱起来。他们一边往教室方向跑，一边高声喊道：

"丘吉尔从桥上摔下来了！丘吉尔从桥上摔下来了……"

老师闻讯赶到，急忙将丘吉尔送到宿舍。由于丘吉尔受了伤，学校并没有立即责罚他。不过，校长在考评中还是很不客气地说他"淘气"、"贪吃"。

还有一次，丘吉尔起床比往常稍迟了一些，被老师告到校长那里，校长当即命令全体学生到图书馆集合。丘吉尔知道接下来会发生什么事，心里不由得紧张起来。

校长把丘吉尔拉到一张凳子面前，大声命令他：

"趴下!"

丘吉尔胆怯地看了校长一眼，极不情愿地趴了下去。随着"叭"的一声响，丘吉尔的屁股传来一阵刺痛——校长狠狠地打了他一顿。

这个从小娇生惯养的贵族子弟哪里受过如此残酷的惩罚？倔强的丘吉尔拼命反抗，他双手在空中挥舞着，双脚乱踢，高声喊叫。为了报复校长，他还瞅准校长头上的硬草帽，一把将其扯到脚下，胡乱地踩碎了。

丘吉尔恨透了圣乔治学校里的一切，十分怀念家里那种自由自在的生活。学期结束时，除了历史和地理成绩较好之外，他的其他功课都非常糟糕。

圣乔治学校的教育给丘吉尔幼小的心灵造成了极大的创伤。他后来在回忆录中写道：

"它们的残酷甚于内务部所设的任何感化院中所能忍受的责罚……我在那里过了两年多的不安生活，功课方面收益甚少。我每天都在计算着学期何时才能结束，何时才能离开这令人厌恶的、奴隶般的生活，回到自己的家去……"

由于缺少关爱和长期的体罚，丘吉尔心情郁闷至极，健康也受到了损害。1883年的暑假，丘吉尔回到家中。他的脸色苍白，说话声音也微弱了许多。父母问他怎么了，他倔强地回答说：

"没怎么，只是累了!"

艾维莉斯特夫人在收拾他换下来的衣服时发现上面有斑斑血迹。经过再三追问，丘吉尔才告诉她，那是因为校长体罚的缘故。艾维莉斯特夫人不禁惊叫道：

"天呐!"

伦道夫夫人闻声赶来，心疼地让儿子脱下上衣，仔细查看了他的伤情。和丈夫商量之后，伦道夫夫人决定将儿子转到布雷顿的一所学校去学习。

　　那是一所由汤姆逊姐妹办的学校。新学校里的环境要宽松得多，尽管丘吉尔执拗、倔强的性格依旧，仍然是学校里最不守规矩的学生，但他再也不用担心受到体罚了。

　　布雷顿学校开设了英文、法文、历史、古典文学以及绘画等一些比较正规的课程，此外还组织学生参加骑马、游泳和跳舞等课外活动。由于心情愉快，少受拘束，丘吉尔在布雷顿学校读书的几年里进步很大。

　　1888年3月，13岁的丘吉尔从布雷顿学校毕业了。伦道夫打算将他送到哈罗公学去接受进一步的教育，为他将来进大学深造打基础。从理论上说，丘吉尔应该被送到伊顿公学读书。因为在当时的英国，达官显贵家庭出身的子女大多都会根据其家庭地位按照约定俗成的惯例到相应的贵族学校学习。丘吉尔家族的子女大多都是全国最好的伊顿公学的毕业生，伦道夫本人也是伊顿公学毕业的学生。但由于丘吉尔在布雷顿学校读书期间曾患过肺炎，医生认为坐落在丘陵地带的哈罗公学对他的健康会有所帮助。因此，伦道夫便计划将儿子送到仅次于伊顿公学的哈罗公学学习。

　　由于基础较差，丘吉尔在入学考试中的表现极差，拉丁文和数学几乎交了白卷。后来，丘吉尔在回忆这段生活时写道：

　　"我刚满13岁便走进冷酷的考试领域，这对我是一种很大的折磨。我愿意参加历史和英文测验，在主考方面却偏重拉丁文和数学。而这两门功课，我几乎都不能给以满意的答案。"

　　好在入学考试对丘吉尔来说只是走一走过场，哈罗公学的年轻校长韦尔顿博士显然不会将前任财政大臣、地位显赫的伦道夫勋爵的长子拒之门外。但成绩很差的丘吉尔在入学之后，也自然而然地被安排在成绩最差的一个班中最末的一个组。

第二章　步入军营

成功就是面对不断的失败但从不失去信心。

——丘吉尔

（一）

在哈罗公学学习期间，丘吉尔的成绩很差，几乎一直在倒数第几名徘徊。他性格孤僻，落落寡合，自制力很差，不能遵守学校制定的各项行为守则。对不喜欢的拉丁文、数学等课程，他也总是极力抗拒，从来不愿下工夫。为此，校长韦尔顿博士曾警告他说：

"丘吉尔，我有很充分的理由对你表示不满。"

丘吉尔立即针锋相对地回答说：

"而我，先生，也有非常充分的理由对您表示不满。"

丘吉尔的叛逆令老师和父母大感头疼，唯有外祖父杰罗姆先生乐观地对众人说：

"让他去吧！男孩子在找到可以展示自己才能的平台之后，自然会变好的。"

外祖父的判断是正确的。丘吉尔对自己爱好的学科，比如历史和文学等科目极感兴趣，并显示出了卓越的学习才能。有一次，他背诵著名历史学家麦考利的一本关于古罗马的著作，背了1200行，竟然毫无差错！老师和同学们个个惊诧不已！

除此之外，他还能大段大段地背诵莎士比亚作品中的台词。当老师在讲课时引述《奥赛罗》或者《哈姆雷特》之时，他总能精确地指出老师的错误，并予以纠正。

在哈罗公学所开设的所有课程之中，最令丘吉尔感兴趣的莫过于体育和军事训练了。伦道夫夫妇为两个儿子装修了一间宽敞漂亮的游艺室，其中摆满了车、马、枪、炮、小房子和小锡兵等男孩子喜欢的玩具。从7岁开始，丘吉尔就开始摆弄1500个锡兵组成的部队，把它们摆成各种战斗阵式，独出心裁地设计调兵遣将的方案。

有一天晚上，伦道夫刚躺在床上，就被一阵喊杀声吵得头疼欲裂。他侧耳一听，不由得苦笑起来，原来又是他的两个宝贝儿子在"布阵打仗"呢！

伦道夫来到儿子们的卧室门前，往里面一瞧，不由得乐了起来。只见丘吉尔和弟弟杰克正撅着屁股，趴在地上，各自"指挥"着一大堆小锡兵，一会儿冲锋，一会儿防守……

伦道夫打趣道：

"两位'将军'，'战争'应该结束了吧！"

丘吉尔抬头望了望父亲，极不情愿地嘀咕道：

"真扫兴！"

弟弟杰克也撅起小嘴，恋恋不舍地放下手中的小锡兵，上床睡觉去了。伦道夫摸着丘吉尔的头，严肃地说：

"温斯顿，你已经上中学了，怎么还这么贪玩呢？将来怎么会有出息呢？"

丘吉尔争辩道：

"我不是在贪玩，我在学习布阵打仗呢！"

伦道夫笑着问：

"学习布阵打仗？你将来想干什么？"

丘吉尔毫不犹豫地回答说：

"当兵，那还有说的！"

在哈罗公学里，学生不但可以参加步枪队接受操练和射击训练，还有机会参加以别的学校为假想敌的战术演习。每当有这样的机会，丘吉尔总是表现得特别积极。

丘吉尔一天天长大了，伦道夫开始考虑儿子的前途问题了。由于性格倔强，丘吉尔从来不能很好地遵守学校规定的纪律，也难以适应学校设置的课程和考试制度。上大学继续深造对他来说并不现实，选择当时最时髦的神学和法律为职业也不大可能。因为从事神学或法律工作需要精通拉丁文，掌握大量的古典作品，而拉丁文正是丘吉尔基础最薄弱的课程。

深思熟虑之后，伦道夫决定根据儿子的兴趣，让其报考桑赫斯特皇家军事学校。在父亲的安排下，丘吉尔被转入军事专修班。在哈罗公学，军事专修班很受歧视，同学们嘲之为"笨蛋的乐园"，但丘吉尔并不在乎这些，同学们的嘲笑反倒成了他学习的动力。

就这样，丘吉尔在哈罗公学的求学生涯结束了。后来，丘吉尔在《我的早年生活》中回顾这段生活时说：

"那是我一生中唯一一段毫无意义和毫无乐趣的时期……生活中尽是不舒适、限制和漫无目的的单调。"

（二）

桑赫斯特皇家军事学校位于伯克郡，是英国陆军培养青年军官的主要基地。当时，能够进入该校学习的学生大都来自上层社会，因为学生每年需缴纳150英镑的学费。对普通家庭来说，这无异于一个天文数字。更何况，除了昂贵的学费之外，学生成为军官后仍需要家庭的资助才能建功立业，因为年轻军官的薪资根本不足以应付日常开支。

尽管丘吉尔不用为学费担心，但入学考试却是他进入桑赫斯特皇家军事学校的一大障碍。虽然在哈罗公学学习期间他就开始准备入学考试了，但前两次报考依然名落孙山。

为了提高丘吉尔的法文成绩，伦道夫夫人决定把儿子送到法国凡尔赛的一个朋友家里去生活一个月。在凡尔赛，丘吉尔交了许多巴黎朋友，与母亲的朋友一家相处得也十分融洽。

不久之后，丘吉尔不但能熟练地运用法文给母亲写信，还养成了大胆讲法语的习惯。尽管他的法文口语不是很规范，有些地方不合语法，但已足以清楚地表达自己的意思了。

熟练使用法语的技能对丘吉尔日后的发展非常重要。当他成为万众瞩目的首相之时，他根本不需要翻译就可以自由地跟法国政要们交流。

回国后，丘吉尔在父母和校长的安排下进入詹姆斯上尉开设的补习班。这是一所专门为投考桑赫斯特军校的学生提供临阵磨枪的地方。詹姆斯上尉在教学上很有一套，许多成绩极差的学生在这里补习之后都取得了不错的成绩。

1892年的冬季来临了，距离桑赫斯特皇家军事学校入学考试的日期已经不足一年。寒假期间，伦道夫夫妇带着两个儿子来到伯恩默思庄园。丘吉尔的姑母温伯恩夫人在这里有一套宽敞的别墅，丘吉尔一家在温伯恩夫人的别墅里度过了一个愉快的新年。

1893年1月的一天，丘吉尔带着弟弟杰克和表弟在别墅附近的山林中嬉游。3个小伙子你追我打，玩得不亦乐乎。

突然，丘吉尔发出了一声惨叫，随即便是一声闷响。杰克和表弟回头一看，丘吉尔已经不见了，两人焦急地喊道：

"温斯顿，温斯顿，你在哪里？"

"我跌到了山谷里，在这里。"山谷里传来丘吉尔痛苦的叫声。

杰克和表弟跑到山谷边一看，只见丘吉尔满脸是血地躺在山谷里呻吟着。杰克急忙跑回别墅去喊父亲，表弟则留下来照顾受伤的丘吉尔。没多久，丘吉尔便痛得晕了过去。

等他醒来时，已经是3天后了。他躺在病床上，听到母亲正在跟医生讨论他的病情。医生说：

"他的一只肾脏被摔破了，恐怕要好好休养一段时间。最好把他带回伦敦去治疗，这里的医疗条件无法满足治疗的需要。"

伦道夫夫人带着哭腔回答说：

"我们会好好照顾他的。等他稍好一些时，我们就把他带回伦敦。"

几天之后，丘吉尔跟着家人回到伦敦的家。在伦敦养病的3个多月是丘吉尔人生的一个转折点，他不但体会到了父母的关爱，还接触到了伦敦的政治生活。许多议员和保守党的中坚分子经常在丘吉尔家里举行政治沙龙，跟前任财政大臣伦道夫讨论时局。他们谈论的话题逐渐引起了丘吉尔的兴趣，他开始尝试用自己粗浅的政治知识去判断英国的政局。

伤好后，伦道夫还经常带他到下议院旁听议会辩论。在潜移默化之中，丘吉尔渐渐产生了参与政治活动的愿望。他希望父亲有朝一日能够东山再起，再度成为英国政界的中坚力量。等到他长大，他也会跟着父亲投身政坛，支持父亲的政治斗争。

（三）

1893年8月，丘吉尔第三次报考桑赫斯特皇家军事学校时，终于如愿以偿地被录取了。他的成绩不算好，在389名考生中只名列第95位。

学校公布考试成绩时，丘吉尔和弟弟杰克正跟着父亲的好朋友伊顿公学校长在欧洲大陆旅行。当他们来到米兰时，丘吉尔收到了父亲的来信，得知自己已经被桑赫斯特皇家军事学校录取了。在信中，伦道夫先礼节性地对儿子表示祝贺，随即便严厉地批评了他。因为丘吉尔的成绩才刚刚及格，并未达到步兵专业的分数标准，仅能进入分数要求较低的骑兵专业。

桑赫斯特皇家军事学校的骑兵专业并不受欢迎，因为步兵专业的学员只需要负担生活费就够了，而骑兵专业的学员除自付生活费之外还得自备马匹，以供训练、运动、狩猎之用。这就意味着：骑兵专业的学员每年至少要比步兵专业的学员多花200英镑。尽管丘吉尔家世显赫，又有一个家财万贯的外祖父，但伦道夫夫妇生活奢靡，不懂得量入为出，经常捉襟见肘。如今又需增加一笔额外的开支，无疑会让伦道夫心生不快。

伦道夫愤怒地斥责儿子说，他未能达到步兵专业分数标准的成绩简直是"丢人现眼"，这不容置辩地反映出"你懒懒散散、听天由命、轻率从事的工作作风"。在信的最后，父亲警告他说，如果再不努力，他就会堕落成为"社会废物"。

丘吉尔震惊极了，父亲还从来没有对自己发过这么大的火呢！丘吉尔隐隐感到，父亲退出政坛之后已经把希望寄托在自己的身上了，他不够理想的入学成绩肯定让父亲大失所望。敏感的丘吉尔决定再也不能无所事事地混日子了，他要努力，要发愤图强，要成为像祖先和父亲一样叱咤风云的大人物。

丘吉尔立即给父亲回了一封信。他在信中说，他为自己过去的种种过错而表示歉意，并保证"将用我在桑赫斯特的学习与行动力争改变您对我的看法"。

实际上，丘吉尔倒是非常喜欢富有浪漫气息的骑兵这一兵种的。但等他回到伦敦，准备去桑赫斯特皇家军事学校报到时，才发现自己已经被转入步兵专业了。很显然，父亲动用了自己庞大的社会关系为他打开了"方便之门"。

桑赫斯特皇家军事学校在19世纪末已经形成了专业化的军事教育，开设的科目有队形操练、地形学、工事构筑、战术、射击、马术和军事管理等。从早上6点45分到下午4点，除了早餐和午餐之外，学员要轮番学习各个科目。下午4点之后，学员们便可以根据自己的喜好，以自己的方式进行体育运动、闲逛或休息。丘吉尔一改过去懒散的习惯，全身心地投入到学习之中。

丘吉尔的改变让伦道夫勋爵很欣慰。为了保证儿子的学习时间，伦道夫勋爵规定：丘吉尔一个学期只能回家过一次周末。自从丘吉尔成为桑赫斯特皇家军事学校的步兵士官生后，伦道夫就不再把儿子当做小孩子来看待，而是像真正的绅士对绅士的态度来跟儿子交流了。有时，他会把上好的雪茄烟送给丘吉尔，并叮嘱他省着点抽；有时，他还会带着儿子到一些政要的家中去做客，让丘吉尔参与政治沙龙的讨论。

不幸的是，伦道夫勋爵的健康出了问题，且病情迅速恶化，父子间的这种新型关系未能持续发展下去。1894年秋季，伦道夫勋爵带着夫人到世界各地旅行，丘吉尔才从家庭医生罗斯先生那里得知：父亲的病情已经无法控制了，他在世的时间不会太长了。

年轻的士官生丘吉尔在一夜之间成熟起来，除了认真学习之外，他还经常给父母写信，安慰他们。

1895年1月，丘吉尔从桑赫斯特皇家军事学校毕业了。在130名毕业生中，他的成绩名列第20位，这一成绩足足比他入学考试时的成绩提高了75个名次。这表明，他在校学习期间有了长足的进步。在所有的科目中，他的马术考试成绩最好，因而他萌发了加入骑兵部队的强烈愿望。丘吉尔希望能够被分配到第四骠骑兵团，因为他原来就认识该团团长布拉巴松上校。这位年轻的上校是王太子威尔士亲王的好朋友，在战场上多次荣立战功，丘吉尔十分钦佩他。

（四）

1895年1月23日晚，丘吉尔站在家里巨大的落地窗前，眉头紧锁，双眼噙着泪水，茫然地望着窗外光秃秃的树枝。父亲伦道夫勋爵已经病入膏肓，在床上躺了好几天了。他回想着在桑赫斯特皇家军事学校学习期间与父亲的交流，思考着家庭和自己的未来，不禁悲从中来，忍不住落下了伤心的眼泪。

第二天凌晨，伦道夫勋爵去世了，享年46岁。对年仅21岁的丘吉尔来说，父亲过早地离世是一个沉重的打击。几天之后，他穿着一身黑色的丧服，和母亲、弟弟一起护送父亲的灵柩回到故乡，将伦道夫勋爵安葬在家族的墓地中。墓地十分偏僻，终年万籁俱寂，一片古朴的气氛。伦道夫勋爵去世后，丘吉尔家的日子也渐渐艰难起来。

2月20日，丘吉尔在英军总司令坎布里奇将军的推荐下，被任命为第四骠骑兵团的骑兵中尉，开始了他的戎马生涯。丘吉尔终于实现了自己的愿望，但同时也给日益窘迫的家庭增加了沉重的负担。

当时，骑兵中尉每年的薪俸只有120英镑，但要维持正常的生活和社交需要，一个中尉一年至少需要650英镑的生活费。幸亏玛尔巴洛公爵八世夫人、丘吉尔的伯母莉莉夫人资助他200英镑，为他买了一匹马，才缓解了丘吉尔的经济压力。

经济的窘迫并没有改变伦道夫夫人挥霍的生活习惯，她依然像往常一样，花钱大手大脚，只计较买到东西的好坏，根本不在乎会花多少钱。伦道夫勋爵死后的3年时间里，她就欠下高达1.4万英镑的债务。为了偿还债务，伦道夫夫人只好靠借新债还旧债过日子。

丘吉尔对母亲这种陷入恶性循环的做法很不高兴，但出于对母亲的同情，他还是认可了这一做法。在给母亲的一封信中，他劝解母亲说：

"我同情您的一切铺张行为，甚至超过您对我的铺张的同情。正如您认为我花100英镑买一匹玩马球用的小马是一件要命的事一样，我也觉得您花200英镑去买一件舞会礼服同样是件要命的事。然而我还是以为，您应当有舞会礼服，我也必须有玩马球用的小马，问题的关键是我们太穷罢了。"

为了维持自己的正常开支和弟弟的生活费用，丘吉尔向朋友借了3500英镑的债务。3500英镑，这在当时来说几乎就是一个天文数字，但丘吉尔并不担心无力偿还，因为他的名下除了家族中留下的产业之外，还有外祖父杰罗姆馈赠给他的一份产业。杰罗姆规定：这份产业只有丘吉尔才能动用，其他人都无权使用。

第四骠骑兵团驻扎在奥尔德肖特镇，刚入伍的丘吉尔中尉必须和普通新兵一样，每天进行2小时的例行马术训练、1小时的马厩值勤和90分钟的操练。他娴熟的马术和显赫的家世引起了高级军官们的兴趣，也得到了不少额外的照顾。当英军总司令坎布里奇将军来奥尔德肖特视察期间，丘吉尔被任命为将军的侍卫官，还幸运地见到了威尔士亲王、约克公爵及其夫人等。约克公爵就是后来的英王乔治五世，这是丘吉尔与未来国王的首次见面。

正当丘吉尔的事业稳步上升之时，他又接连遭受两次打击。1895年4月，外祖母杰罗姆夫人逝世；同年7月，他的"爱姆"艾维莉斯特夫人也病逝了。两者相较，艾维莉斯特夫人的逝世对丘吉尔的打击更大。接到"爱姆"逝世的消息之后，丘吉尔立即赶赴伦敦，参加了她的葬礼。他还为这位无微不至地关怀自己的保姆立了一块漂亮的墓碑。

葬礼结束后，丘吉尔在艾维莉斯特夫人的墓前伫立良久，久久不愿离去。随着亲人一个个离世，丘吉尔明白，今后的岁月只能靠自己了。

第三章　出色的战地记者

　　你若想尝试一下勇者的滋味，一定要像个真正的勇者一样，豁出全部的力量去行动，这时你的恐惧心理将会被勇猛果敢所取代。

——丘吉尔

（一）

　　在和平年代，青年骑兵军官的生活是多姿多彩的。贵妇人们纷纷向诸如丘吉尔这样的青年骑兵中尉发来请帖，邀请他们参加舞会。丘吉尔也收到了许多请帖，只要他愿意，几乎天天晚上都可以在舞池中和漂亮的贵妇人一起跳舞，但性格严肃而孤僻的丘吉尔始终与浮华的社交圈保持着距离。尽管在第四骠骑兵团受到优待，但他的志向并不仅仅是当一个骑兵军官，他还有更高的理想——超越父亲，成为英国政界的新秀。

　　在业余时间里，丘吉尔常常一个人躲在图书室里，开始系统地研究一些经济和历史方面的著作。他先读了亨利·福西特的《政治经济学》，继而又研究了吉本的《罗马帝国衰亡史》和莱基的《欧洲的道德》等。书上的知识深深地吸引着丘吉尔，这些都是他在军校没有学到的东西。

　　按照规定，骑兵军官每年可以享受5个月的假期。1895年10月，丘吉尔轮上了一次休假。但他没有利用这个假期去游山玩水，或尽情享受英国和平生活的美好，而是想到古巴去体验一下"传奇般的生活"。当时，古巴人民反抗西班牙殖民统治的游击战争正在如火如荼地进行着。母亲很支持丘吉尔的想法，对他说：

"既然参军了，体验一下战争的氛围也是应该的，你去吧！"

伦道夫夫人将自己在美国的许多亲属和朋友都介绍给儿子，其中有丘吉尔的外祖父莱纳德·杰罗姆的好友、美国民主党领袖伯克·科克兰。科克兰曾担任好几届国会议员，是当时美国最有才华的演说家之一，这为丘吉尔的美洲之行提供了极大的方便。

不过，要想名正言顺地古巴去体验战场生活，丘吉尔还必须得到西班牙政府和英国军方的双重批准。时任英国驻马德里大使的亨利·德拉蒙德·沃尔夫先生是伦道夫勋爵的生前好友，丘吉尔动用了这一关系网。西班牙国防大臣很快就将他和同在第四骠骑兵团服役的巴恩斯中尉介绍给在古巴指挥作战的西班牙将领马丁内斯·坎波斯元帅。

西班牙政府方面的障碍排除了，剩下的事情便是得到英国军方的批准了。刚刚接替坎布里奇将军担任英军总司令的沃尔斯利元帅与伦道夫勋爵的友谊也十分深厚，当丘吉尔求见他时，他立即单独接见了这位军阶极低的中尉。

丘吉尔将自己的计划向沃尔斯利元帅和盘托出，沃尔斯利元帅不仅批准了他们的计划，还交代情报部说：将丘吉尔的古巴之行安排成为一次公差。情报部要求他们尽可能地搜集有关西班牙军队使用的新式枪弹的情报。如此一来，丘吉尔便可以节约一大笔旅行费用。

丘吉尔还和伦敦的《每日纪事报》报社联系，希望作为该报的随军记者为该报撰写战地通讯。报社当即同意了丘吉尔的建议，并答应每写一篇文章付给他5英镑的稿酬。因为丘吉尔的父亲伦道夫勋爵在访问南非期间曾为该报撰稿，所收到的效果相当不错。正所谓"虎父无犬子"，《每日纪事报》很看重丘吉尔家族的声望。

1895年11月，丘吉尔和巴恩斯中尉登上了驶往纽约的邮轮。科克兰先生热情地接待了两位年轻的英军中尉。科克兰给他们讲演说的技巧，让他们参观纽约的著名建筑……丘吉尔从这位老友的身上学到了许多实用的知识，尤其是演说的技巧。

丘吉尔在伦敦玩得很开心，直到11月下旬才和巴恩斯中尉一起抵达古巴。西班牙殖民当局盛情款待了他们，还将他们称为"一个强大的老盟邦在紧急之际派来的虽非正式、但却非常重要的军事使节团"。

（二）

抵达古巴的第二天，丘吉尔就请求西班牙军队战地指挥官马丁内斯·坎波斯元帅允许他们亲临战场。经过慎重考虑之后，坎波斯元帅同意他们跟随一个在古巴丛林中"清剿"游击队的后备纵队进行活动。丘吉尔兴奋极了，他终于可以亲眼目睹战场上的硝烟了。

丘吉尔和巴恩斯一起跟随后备纵队经过8天的行军，终于抵达一个名为圣提·斯皮里托斯的小镇，与驻守在那里由瓦尔德兹将军指挥的西班牙纵队会合。一路上，他们披荆斩棘，领略了美洲原始森林的魅力与险恶。

1895年11月30日，丘吉尔在战场上迎来了21岁的生日。也是在这一天，他接受了第一次战斗的洗礼。

这天清晨，丘吉尔跟在西班牙军队的后面，艰难地在原始森林中穿梭着。森林里的雾气很重，挡住了人们的视线。

忽然，枪声四起，爆炸声也此起彼伏，他们遭到了古巴游击队的伏击。西班牙军队乱成一团，到处搜索目标，但哪里还有敌人的影子，他们早在浓雾的掩盖下悄悄退去了。

浓雾散去之后，丘吉尔从军需官那里领来了半只鸡，坐在地上撕着吃。突然，枪声和爆炸声又响起来，一颗炮弹在他身边爆炸了，丘吉尔的耳朵"嗡嗡"响了半天。他站起来之后才发现，他身边的一匹马被打死了，鲜血正汩汩地往枯叶上流着。如果不是那匹马挡住了子弹，丘吉尔可能已经一命呜呼了。

敌人退去之后，丘吉尔走到那匹马的尸体旁，毕恭毕敬地向它鞠了一躬，郑重其事地说：

"谢谢你，是你救了我一命！"

丘吉尔有点害怕，他在日记中写道：

"战争中有许多时候使我认识到，我们仅仅为了猎奇冒险而不顾生命危险，这种做法是何等轻率。"

不过总体来说，丘吉尔的古巴之行收获还是巨大的。当他和巴恩斯中尉于一个月后回到伦敦之时，立即获得了西班牙政府授予他们的红十字勋章，以表彰他们在遭遇袭击时所表现出的"勇敢精神"。

从1895年12月13日起至1896年1月13日的一个月间，丘吉尔一共为《每日纪事报》撰写了5篇战地报道。这些报道吸引了一大批读者，并得到上流社会中许多人的赏识。为此，丘吉尔的声誉也得到了很大的提高，上流社会的邀请函像雪花一样飞到他的手中。丘吉尔这才惊奇地发现，原来自己和父亲一样，具有文学方面的天赋。从此之后，丘吉尔又多了一个爱好：写作。

为了在写作上获得更大的声誉，丘吉尔又向《每日纪事报》建议，由他作为该报特派记者前往克里特岛进行战地报道。当时，克里特人民反抗土耳其统治的起义战争也打得非常激烈。不过，《每日纪事报》不愿为此支付丘吉尔的旅行费用，使他的此次打算落空。

后来，丘吉尔又打算到南非去体验战场生活，因为那里的布尔人与大英帝国军队的矛盾日益激化，随时有爆发战争的可能。丘吉尔给母亲写了一封信，希望她能帮助自己促成此事。他在信中说：

"在南非的几个月会使我赢得南非勋章，并且很有可能使我获得不列颠南非公司的明星勋章。然后，我将马不停蹄赶往埃及，一年或两年后我将再带回第二枚勋章。到那时，我将弃武从文。"

然而，丘吉尔的如意算盘再一次落空了。因为丘吉尔性格严肃、孤僻，第四骠骑兵团军官伙食班的一个老兵十分讨厌他，所以便无中生有地控告丘吉尔有同性恋行为。丘吉尔十分气愤，立即提出诉讼，控告此人纯属诽谤。

经过审理之后，法庭判丘吉尔胜诉，并赔偿他400英镑的名誉损失费。为了接受陆军部拟议进行的进一步调查，丘吉尔被告知短期内不能外出，必须尽量配合陆军部的调查。丘吉尔坚信，陆军部一定会调查清楚一切，还他一个清白的。果然，没过多久，他在第四骠骑兵团的声誉便恢复了。

（三）

正所谓"皇天不负苦心人"，丘吉尔扬名的机会终于在1896年9月来临了：第四骠骑兵团奉命调往印度，驻扎在印度南部的班加罗尔。班加罗尔的纬度很低，但海拔却有近千米高，白天骄阳似火，晚上则十分凉爽。营地的周围开满了各种各样的野花，白天会有蝴蝶在花丛中飞舞，晚上则会有美丽的印度姑娘在花丛旁翩翩起舞，一切都充满了异国的浪漫情调！

不过，丘吉尔对这些并不感兴趣，他将全部精力都投入到读书和学习之中。他请母亲给他寄来一些历史、哲学、宗教和经济方面的书。从当年11月到第二年的5月，他每天都要读四五个小时的历史和哲学著作。丰富的阅读量使得丘吉尔的思想变得深刻起来，也使他逐渐形成了坚定的人生信念。他曾经简练地将其概括为"一个人的生命毕竟总得钉在行动的或思想的十字架上"。

1897年春天，丘吉尔回到伦敦度假。在假期将满时，他获悉印度西北边境山区帕坦部族爆发了反抗英军统治的起义。丘吉尔意识到，自己渴望已久的机会又来到了。他马上给英军战地指挥官布勒德将军发报，要求将自己调到战斗部队。布勒德将军给他的回复是：

"作战部队的编制已满，但非常欢迎阁下以战地记者的身份前来战场。"

丘吉尔大喜过望，立即向团部递交了请假条，并在布勒德将军的帮助下领到了《加尔各答先驱报》和伦敦《每日纪事报》的记者证，赶赴战场。

帕坦人的反抗战斗十分激烈，他们不仅娴熟地使用大刀、长矛跟英军厮杀，还学会使用从英军手中缴获的现代化武器。

丘吉尔赶到战场的第一天晚上，布勒德将军在军营中为他举办了欢迎晚宴。正当大家兴致高昂之时，外面出现了短暂的骚动。布勒德将军立即熄灯，要求大家保持安静。恢复平静之后，布勒德在黑暗中举起酒杯，向丘吉尔说：

"看来我们只有在黑暗中为你接风洗尘了。"

丘吉尔知道，亮灯的军营很可能会成为帕坦人袭击的目标。他干笑了两声，回答说：

"为了将军和大家的安全，我看只能这样了。"

残酷的战斗使英军野战部队战斗减员数量很大，其中尤以军官的伤亡最大。作为战地记者的丘吉尔也被编入战斗部队，直接参加战斗。

最初，他被任命为布勒德将军参谋部的联络官，骑马奔驰于英军各分遣队之间。这是一项十分危险的任务，因为帕坦人经常埋伏在山间的小道上，射杀或活捉落单的英军士兵。有一次，丘吉尔差一点就被帕坦人活捉。为保障丘吉尔的安全，布勒德将军命令两名印度骑兵随同保护他。

1897年9月16日，丘吉尔完成联络任务后跟随一支分遣队返回驻地。当他们来到一个狭窄的山谷之时，四面突然爆发出密集的枪声和喊杀声，帕坦人纷纷从岩石后面跳出来，向英军冲来。英军立即举枪还击。一时间，战场上血流成河，肢体横飞，异常残酷。

丘吉尔在《我的早年生活》中回忆这段经历时写道：

"只见后边的五个人已经倒下了，两人已死，另外三人受伤。一人胸部被射穿，鲜血如泉涌；另一个腹部受伤，手抓脚踢；还有一位军官右眼被射出，满脸是鲜血。惨呀，这是多么惊险的一幕啊！"

战斗刚开始之时，丘吉尔只是帮助运送伤员。但随着士兵伤亡不断增多，他也不得不举起手枪向帕坦人射击。手枪里的子弹打光了，他又捡起伤员丢下的步枪，继续战斗。他回忆说：

"我虽不能确切地知道，但我觉得我射中了四个敌人。"

不久，英国援军赶来，丘吉尔和这支分遣队终于脱离了危险。经过60多个小时的跋涉，他们终于来到离战场最近的火车站，乘车赶回兵营。英军在战斗中损失惨重，伤亡达一百五十余人。不过，丘吉尔十分幸运，毫发无损。

残酷的战争使丘吉尔意识到，每个人在战场上都是在跟命运之神赌博。为了达到更高的人生目标，赢得荣誉，丘吉尔决定跟命运之神赌一赌。在给母亲的信中，他毫无隐晦地表达出这种想法：

"我骑上灰白色的小马，沿着散兵线行进，而敌人却匍匐隐蔽在那里。这或许是愚蠢的，但我下了巨额赌注，好让人们看到，再也没有比这更为勇敢或更有气魄的行动了。倘若失去了观众，事情就会变成另一个样子。"

布勒德将军十分赞赏丘吉尔的英勇。他在刚给第四骠骑兵团团长布拉巴松上校的信中说盛赞丘吉尔，说他"一个人干起来能顶两个普通的中尉军官"。

（四）

在战斗间隙，丘吉尔撰写了大量的战地报道，并将其及时地寄给伦敦《每日纪事报》和印度的《加尔各答先驱报》。在报道中，丘吉尔站在英国军方的立场上，以生动的笔触描述了他所经历的战斗场面。

不过，这些报道在伦敦《每日纪事报》上发表时并没有署上丘吉尔的名字，仅署名"一个年轻军官"。伦道夫夫人担心丘吉尔不知轻重，在报道中会说一些令英国军政界不满的话，影响丘吉尔在军队的前途。

结果，丘吉尔的战地报道虽然在英国国内引起轰动，但谁也不知道"一个年轻军官"就是丘吉尔。显然，伦道夫夫人的谨慎违背了丘吉尔想在"选民面前扬名"的热切渴望。为了弥补这一缺憾，丘吉尔在战地报道的基础上撰写了自己的第一部著作——《马拉坎德野战军纪实》。他将手稿寄往伦敦，请母亲代为联系出版事宜。

1898年春，英国朗曼公司出版了丘吉尔的《马拉坎德野战军纪实》一书。遗憾的是，由于丘吉尔远在印度，无法亲自校对书稿，他那文学素养极差的姨夫莫尔顿·弗雷温在修改时，改正的错误还没有增加的错误多。

英国文学协会评价在这本书时说：

"在风格上，这本书就好像是迪斯雷利写的书让一个当印刷工的狂妄读者进行了修改似的。"

不过，这本书依然得到了大多数评论家的好评。《泰晤士报》评论说：

"这位年轻作者所显示的直截了当的笔锋、毫不犹豫的坦率精神和幽默感，将被认为是一个家学渊源在起作用的明显例证。"

专供军官们阅读的刊物《三军联合》杂志认为《马拉坎德野战军纪实》是"一部非常优秀的作品"，并向英军的每一位军官推荐这本书。该杂志的编辑还特意邀请丘吉尔为该刊撰写一篇论述边疆政策的稿件。在这篇文章中，丘吉尔对英国殖民政策中陈旧过时的做法提出了批评，并由此引起了英国军方和驻印英军司令部的不快。因此，当丘吉尔于1898年要求再次参加印度北部边疆地区英军新的军事行动时，理所当然地被拒绝了。

　　虽然未能参加新的远征行动，但丘吉尔并没有消沉下去，他利用空闲时间写了一部小说——《萨伏罗拉》。丘吉尔并不打算成为一名职业作家，但他知道，文学与政治并不是毫无联系的。在很多时候，文学都可以作为踏入政界的敲门砖。英国保守党人崇拜的偶像——著名政治家迪斯雷利就是通过写作而走向政坛的。

　　丘吉尔在《萨伏罗拉》中虚构了一个叫"劳拉尼亚"的地中海小国，小说的主题是围绕政治斗争而展开的。劳拉尼亚人民开展了争取人民解放的运动，成功地推翻了反动政权的独裁统治。但取得胜利之后，劳拉尼亚又受到共产主义革命的威胁，这实际上是丘吉尔的政治宣言，是他首次公开披露自己的政见。

　　作为丘吉尔一生中唯一的一部小说，《萨伏罗拉》多次再版，并成为历史学家和传记作家们研究青年丘吉尔内心世界最珍贵的第一手资料之一。

　　通过写作获得巨大的声誉之后，丘吉尔在1898年夏天又利用例行休假的机会赶赴埃及，以保守党《晨邮报》记者的身份参加了第二十一轻骑兵团对苏丹的战争。

　　在北非茫茫的沙漠中，丘吉尔吃尽了苦头，但仍然撰写了大量的战地报道。仅在战争爆发的第一个月里，他就从《晨邮报》得到了三百多英镑的稿酬，这比他12.5英镑的中尉薪俸高多了。

　　当然，对丘吉尔来说，稿酬是次要的，他更看重由此为他带来的巨大的声誉。当战争结束后，他再次发挥自己的文学天赋，撰写了战争回忆录——《河上的战争》。

　　1899年10月，《河上的战争》分两卷出版，并再次为丘吉尔赢得了声誉。评论界一致认为，这是年轻的丘吉尔中尉取得的巨大成就。由于作者搜集资料丰富，构思精巧，叙述准确，鲜明生动，行文富有逻辑性，因此写出了一部引人入胜的英国征服埃及和苏丹的历史巨著。

第四章 惊险的越狱经历

真理还没机会穿上裤子时，谎言已经满街跑了。

——丘吉尔

（一）

随着服役生涯的延长，丘吉尔逐渐意识到：无论他在军队中待多长时间，都无法实现自己的愿望。青年军官要取得指挥一支庞大军队的权力并在战场上赢得荣誉，必须经历多年刻板、艰苦的军人生活。何况，他在新闻报道、文章和专著中对军方高级将领们颇多的批评早已引起了他们的不快，将军们肯定不会让这个自负高傲、乱发议论的年轻中尉得到迅速提升的机会。由此，年轻的丘吉尔产生了退出军队的想法。他在给母亲的信中写道：

"我对士兵的生活观察得越多，就越是不喜欢这种生活，而且更加相信这不是我的天职。"

1899年3月，丘吉尔鼓足勇气，向第四骠骑兵团团部提交了退役申请。随后，他离开班加罗尔，回到伦敦。

虽然退出了军队，但马上走上政坛也是不现实的。丘吉尔参加了奥德姆地区参议员的竞选，结果毫无悬念地败下阵来。没办法，丘吉尔只能选择继续干自己的老本行——战地记者。他只有慢慢积蓄力量，赢得民众的支持，这样才有希望在日后登上政治舞台。

1899年9月，丘吉尔敏感地意识到，英国与南非的两个由荷兰布尔人建立的独立共和国马上就要爆发战争了。他立即同《晨邮报》报社商议，决定以该报战地记者的身份前往南非。《晨邮报》报社同意了，并答应4个月每月支付丘吉尔1000英镑，此后每个月支付200英镑的活动经费。

出发之前，丘吉尔还受到英国殖民地大臣、保守党领袖约瑟夫·张伯伦的约见。随后，他登上了英军总司令布勒将军及其参谋部乘坐的轮船离开伦敦，向南非驶去。

在海上，身材修长、顶着一头淡红色头发的丘吉尔显得相当活泼。他时常跳上甲板，凭栏眺望，双手时而交叉在一起，时而展开，似乎在思索着什么。他的思绪早已飞到了战场之上，他担心英布战争会在他抵达南非前就结束。

当船驶抵开普敦时，丘吉尔才发现，自己的担心是多余的。英军在战场上频频失利，战争肯定还将持续一段时间。丘吉尔决定到战斗最激烈的纳塔尔前线进行采访。在那里，他遇到了自己在印度时认识的老朋友艾尔默·霍尔丹上尉。

有一天，丘吉尔跟随霍尔丹上尉指挥的一列装甲车去执行侦察任务，车上还搭载着两个连建制的士兵和一些筑路民工，还装备有重型舰载大炮和大量先进的火器。从理论上说，他们完全可以对付布尔人的袭击。但没想到的是，由于瞭望哨的疏忽，他们遭遇了布尔人的袭击。高速行驶的列车突然撞到了布尔人在铁路上设置的大石头，被迫停了下来。有两节车厢被甩出轨道，挡住去路。布尔人乘机向他们发起了进攻。

霍尔丹上尉立即指挥士兵在列车周围构筑临时阵地，举枪还击。丘吉尔则主动担负起清除铁道障碍的指挥工作。战斗进行得非常激烈，数倍于英军的布尔人渐渐压了过来。如果不及时疏通铁路的话，两个连队的士兵都会成为布尔人枪下的亡魂。

火车司机受伤了，正打算撤离。丘吉尔拦住他，千方百计地劝说他开动机车去冲撞挡住道路的车厢。经过一个半小时的努力，道路终于被疏通了，装甲列车缓缓开动，五十多名士兵和一些伤员安全地撤离了遭受伏击的地点。

霍尔丹上尉指挥剩下的五十多名官兵且战且退，打算沿铁路线撤回营地。丘吉尔在列车开动后又跳了下来，协助霍尔丹上尉指挥战斗。不幸的是，由于寡不敌众，霍尔丹上尉、丘吉尔和五十余名官兵一起被布尔人俘虏了。

丘吉尔对布尔人的指挥官说：

"我是新闻记者，你们不能关押我！"

那名指挥官回答说：

"你帮助半数人员逃脱伏击，应被视为参加了战斗，所以我们不能释放你。"

丘吉尔又说：

"我仅仅只是一名出身贵族的随军记者，你们凭什么关押我呢？"

布尔人的指挥官听到这句话，大笑道：

"那我们更加不能释放你了！虽然你是随军记者，可我们不打算放掉你，因为我们并不是每天都可以捉到贵族的儿子的。"

很显然，俘虏了一个英国贵族的儿子让布尔人感到十分自豪。就这样，丘吉尔在退役之后居然在战场上成了俘虏。

（二）

被俘后，丘吉尔被押解到比勒陀利亚的一所师范学校里，同六十余名英国军官关在一起。看守师范学校的只有40名南非警察，而且警戒也不是特别严。丘吉尔向俘虏中的高级军官提出了一个大胆的越狱计划：首先袭击警卫，夺取武器，占领师范学校；然后袭击比勒陀利亚的跑马场，释放囚禁在里边的2000名英国士兵，夺取步枪和机关枪，举行武装暴动；最后争取全歼城内的500名守军，占领整个比勒陀利亚要塞。

丘吉尔的计划遭到了高级军官们的强烈反对，因此只好作罢。但丘吉尔和几名低级军官商议之后，决定制订一套越狱计划，一起逃出去。

师范学校的四周是一个四方形的小院，东西两边围着铁栅墙，南北两边则竖有约3米高的铁板墙。对受过专业训练的军官们来说，这些围墙并不是他们越狱的最大障碍，他们的障碍是来自持枪警戒的守卫。守卫们站立的地方距囚室仅有50米远，无论丘吉尔他们有什么动静，守卫都会发现。

怎么办呢？丘吉尔苦苦思索着！

晚上的时候，他突然发现，当守卫们沿着东边巡逻时，他们有几分钟时间看不见圆厕所附近几米铁墙的上端。院子中间的电灯虽照得全院通明，但东西墙角却在暗影里。因此，只要躲过厕所附近两名守卫的视线，他们就有机会利用这几分钟的时间逃走。

12月11日，丘吉尔、霍尔丹上尉和一名叫布罗奇的中尉悄悄潜入圆厕所。他们进行了一次实验，结果表明：偷蹑到圆厕所并不困难，躲过守卫的视线也不困难，唯一困难的是如何从墙上爬过去。

第二天晚上，丘吉尔决定再做一次试验。他趁守卫不防，悄悄地穿过方院，潜入圆厕所中。然后，他从铁门缝里一直注视着守卫，等待最佳的时机。过了一会儿，一个守卫转身走向他的同伴，与他闲聊了起来。第一个守卫背对着圆厕所方向，另一个守卫的视线则被第一个守卫挡住了。最佳时机来临了！丘吉尔在心中暗呼道：

"此时不走更待何时！"

丘吉尔立即踩在一个小架子上，双手墙头，用力攀登。或许是因为太紧张，前两次用力都失败了。直到第三次，他才爬到墙头上。外面是一家别墅的花园，里面长着郁郁葱葱的植物。丘吉尔悄悄溜下墙，藏在花园里的植物下面。

时间一分一秒地过去，花园里安静极了，别墅里的灯光也熄了一个多小时了。丘吉尔爬出花园，立即奔向铁路沿线。他爬上一列车速缓慢的东行货车，藏在一堆装过煤的空袋子里。他希望乘车逃到葡萄牙的殖民地莫桑比克境内，然后再从那里回到英国军营。

天亮了，丘吉尔从火车上跳下来，躲在野外的荒草中。此时，布尔人也已经发现丘吉尔越狱了，立即组织兵力进行搜捕，希望将他重新缉拿归案。布尔人甚至发出悬赏布告，上面还写明了他的外貌特征：

"该犯25岁，高约170厘米，身材一般，走路时有些驼背；面色苍白，头发红褐色，蓄有不显眼的小胡子；说话带有鼻音，发不好字母S这个音，不会说荷兰语；出逃前最后一次见到时穿着一套棕色服装。"

不过，布尔人的悬赏却不高。布告上说，不管死活，只要能将丘吉尔缉拿归案，当局就会奖励有功人员25英镑。此时，丘吉尔身上足有75英镑，还有几颗巧克力糖。

无论如何，被布尔人抓住都不是好玩的。丘吉尔决定白天潜伏在山谷里的一片小树林里，等到晚上再扒火车东行。南非的白天炎热而漫长，小森林里杳无人迹，只有一只大兀鹰在高高的天空中盘旋，时而发出几声高亢的鸣叫。丘吉尔有些害怕，肚子也在"咕咕"叫，但他不敢冒险走出山谷。

（三）

在漫长的等待中，黑夜终于降临了。丘吉尔急不可耐地钻出小树林，又回到铁路边上。不幸的是，他等了大半个晚上也没有等到过路的火车。他小声嘀咕道：

"看来今天不会有火车通过了。"

　　丘吉尔抬头向远方望去，只见前面几公里处有时隐时现的灯光。在疲乏和饥渴的驱使下，丘吉尔决定冒一冒险，到那里去投宿。他走了好几个小时，终于在凌晨3点左右来到亮灯处。

　　原来，这里是一座小煤矿，周围还有几栋小房子。几经犹豫，丘吉尔横下心来，走到其中的一处房屋前，敲了敲门。

　　开门的是一个中年白人男子。看到丘吉尔，那人惊呼道：

　　"天呐，原来是你！南非当局已经发布了通缉令，正在通缉你呢！"

　　丘吉尔害怕极了，转身要走。那人拦住他，请他不要担心。原来这个人名叫约翰·霍华德，是一位南非籍的英国人，已经在这里经营小煤矿多年了。霍华德把丘吉尔迎进屋里，紧紧地握着他的手说：

　　"感谢上帝把你带到这里来！我是附近30多公里内唯一不会把你交给南非当局的一户人家……我们一定会救你出去的。"

　　霍华德端来一些食物，丘吉尔一把接过，胡乱地塞进胃里。霍华德又叫来两名苏格兰矿工，协助丘吉尔坐升降机降到深达60余米矿井里，然后他们又把丘吉尔藏在一个废弃的采掘点上。在幽深的矿井里，丘吉尔躲藏了好几天。为打发无聊的时光，他把斯蒂文森的小说《拐骗》读了好几遍。

　　丘吉尔躲在矿井里的时候，外面的世界简直闹翻了天，伦敦和南非各地的报纸都在连篇累牍地报道丘吉尔越狱的消息。有的报道说，丘吉尔虽然巧妙地逃脱监狱，但越过边境的可能性甚微；有的报道说，丘吉尔已经在边境上的小站考玛提普特车站被捕了；还有的报道说，丘吉尔已经再次被南非当局逮捕，并执行了死刑……

　　一时间，丘吉尔越狱事件成为人们争相谈论的热门话题。

　　12月18日，霍华德跟荷兰籍的羊毛商伯根纳达成秘密协议，打算将丘吉尔藏在装羊毛的车厢里偷运出境。当天深夜，丘吉尔装扮成搬运工人，混杂在搬运羊毛的工人中，来到铁路支线上的一个小车站。装完羊毛之后，他顺利地躲进车厢里。丘吉尔躺在装羊毛的大筐里，一动也不敢动，唯恐惊动车站的警察。

火车缓缓开动了，丘吉尔暂时脱离了危险。火车行驶了16个小时，终于在次日黄昏时分抵达洛伦索——马斯贵货运场。

火车刚停稳，伯根纳便开始招呼搬运工卸货，他自己则向车站外的英国领事馆走去。丘吉尔趁着混乱，远远地跟在伯根纳的身后慢慢走着。

不一会儿，他便看见迎风飘扬的英国蓝白红三色米字国旗。丘吉尔激动极了，他终于在筋疲力尽之时见到了英国国旗，来到了英国政府管辖的地区。

他三步并作两步，急匆匆地跑进领事馆。一位年轻的外交官接见了丘吉尔。当听到伦敦味的英语时，丘吉尔一下子跌坐在椅子上，再也站不起来了！他的体力和精力都已经严重透支了！

然而，那位年轻的外交官却公事公办地对他说：

"领事今天不能见你。如果有事，请你明天上午9点再来吧。"

丘吉尔勃然大怒，立即高声叫道：

"我是英国公民，我有权要求立即见领事本人！"

两人在领事馆的一楼大厅里吵嚷半天，终于惊动了在楼上办公的领事。当领事得知眼前这位满脸疲惫的年轻人就是荷兰军警正在缉拿的丘吉尔时，立即热情接待他。当地的英国侨民听说丘吉尔已经抵达领事馆后，也都自发地拿起武器，到领事馆周围来保护他。

（四）

丘吉尔越狱后的一周里，英军在前线接连失利，损失惨重，英国国内及其殖民地的舆论为之哗然。这凄惨的一周被英军称为"黑暗的一周"。丘吉尔奇迹般地从布尔人的监狱里逃出来这件事，似乎成了这"黑暗的一周"中唯一的光明。丘吉尔也自然而然地成为英国民众心目中的英雄!

12月19日晚上10点整,丘吉尔在英国驻洛伦索—马斯贵领事的帮助下登上了驶往德班的"印度纳"号海轮。在海上颠簸3天之后,丘吉尔抵达了南非第二大城市德班。轮船还没有靠岸,港口已经聚集一大批英国人。他们手举英国国旗,高声喊着:

"丘吉尔,丘吉尔……我们的英雄!"

丘吉尔刚刚步下旋梯,小伙子们便一拥而上,抱住丘吉尔,把他高高地抬在肩头上往前走去。随后,几名小伙子又拉着人力车,在人群的簇拥下,将丘吉尔从码头送到市区。丘吉尔俨然成了凯旋的英雄,海军大将、陆军将领以及市长已经在城防司令部等待他了。丘吉尔还受邀发表了简短的演说。

随后的几天里,向丘吉尔祝贺、表示慰问的电报纷纷从英国国内以及世界各地飞来。

这段被俘以及逃亡的经历让丘吉尔对战争有了更深层的认识。在到达德班的当天,他便给《晨邮报》发回一篇文章,含蓄地批评了英军的战略和战术失误,并肯定了布尔人在战术上取得的成功。丘吉尔对英军战略和战术的批评再次招致英国军方的不满。

尽管对英军的战略和战术极其不满,但这并没有影响丘吉尔的爱国热忱。他立即求见布勒将军,要求参加作战部队,希望能用自己的战略思想来参与战争。再者,他对军旅生涯一直抱着积极乐观的态度,感到"我们在旷野上过得十分舒服,夜晚十分凉爽,白天阳光明媚,肉、鸡和啤酒供应得异常充足"。

丘吉尔的要求让布勒将军很为难。自从丘吉尔从印度和苏丹对英国的殖民政策提出批评之后,陆军部已经颁布了一道禁止作战部队的军官参与新闻报道活动的命令。如今,丘吉尔已经不是现役军人了,而是一名战地记者。如果布勒将军满足他的要求,无疑会受到陆军部的惩罚。

无论如何，办法总是有的。布勒将军采取了一种变通办法，把丘吉尔编入殖民军部队——南非轻骑兵团中。丘吉尔被任命为助理副官，但是不领军饷，并可享有一定自由，仍然可以履行他作为《晨邮报》记者所承担的采访职责。丘吉尔随南非轻骑兵团参加了几次战斗，取得了相当不错的战绩，他还想办法在该团为弟弟杰克谋到一个军职。

1900年2月27日，英军向敌人发起总攻。布尔人招架不住，开始节节败退。丘吉尔跟随作战部队，迅速向北推进。当英军攻克比勒陀利亚之时，丘吉尔随第一批进城部队突入城里。他特意跑到自己曾经被关押的地方去看了看，看着师范学校上空升起的英国国旗，丘吉尔伫立良久，脸上不自觉地露出了笑容。

英布战争结束后，丘吉尔回到伦敦。像前两次一样，他在战地通讯的基础上充实一些新材料，写了两本关于英布战争的专著。

正如他越狱的经历赢得一大批忠实的崇拜者一样，他的书也吸引了大量的读者。此后，他又在英国、美国和加拿大进行巡回演讲，讲述他在战争中的经历。在纽约，著名作家马克·吐温为他主持了一次演讲会。在这次演讲中，丘吉尔收到了当时最高的报酬——150英镑。在短短的几个月里，丘吉尔的稿费和演讲收入就达到了1万英镑，这笔数额巨大的财产至少可以保证他在未来几年中不用再为衣食发愁了。

有一次，丘吉尔在公开场合演讲，从台下递上一张纸条，上面只写了两个字——"笨蛋"。丘吉尔知道这是台下有反对他的人在等着看他出丑，便神色从容地对大家说："刚才我收到一封信，可惜写信人只记得署名，忘了写内容。"丘吉尔不但没有受到不快情绪的控制，反而用幽默将了对方一军！

第五章　初涉政坛

我喜欢微笑着战斗的人。

——丘吉尔

（一）

丘吉尔从南非回到伦敦之时，时任英国首相的索尔兹伯里已经解散了议会，宣布举行下议院选举。保守党人试图利用英布战争期间甚嚣尘上的沙文主义热潮，夺取下议院的多数议席。他们的口号是——南非战争进行到底。保守党领袖约瑟夫·张伯伦认为，战争还没有真正结束，布尔人很有可能以游击战的方式卷土重来。因此，他在竞选演讲中说：

"政府在议会中失掉的每一个席位，都将是布尔人赢得的席位。"

丘吉尔瞅准时机，打算利用自己在南非的传奇经历再次竞选奥德姆地区的议员。现在，丘吉尔在民众心目中再也不是那个只能写作的战地记者了，而是机智勇敢的英雄，是上流社会认可的人。

丘吉尔找到他的堂兄玛尔巴洛公爵九世，希望他能支持自己。玛尔巴洛公爵九世当即表示，他愿意出400英镑作为丘吉尔的竞选经费，此后每年捐100英镑给当地的保守党组织。业已改嫁的母亲也不遗余力地帮助他竞选，她利用前夫伦道夫的社会关系，请殖民地大臣约瑟夫·张伯伦在奥德姆的一次竞选集会上发表演说，支持丘吉尔。

作为英布战争中的传奇英雄，丘吉尔赢得了奥德姆地区民众的广泛支持。在他刚刚逃出布尔人的牢笼时，奥德姆地区的民众便写信向他表示祝

贺，甚至连支持自由党的选民都表示在下次选举中"不管政局如何"都将
投他的票。保守党人也不失时机地利用丘吉尔的传奇经历大做文章。他们
请了专业的歌手为丘吉尔谱写赞歌，并在音乐厅里公开演唱。一时间，要
求选举丘吉尔为奥德姆地区议员的呼声响彻大街小巷。许多支持者高举着
丘吉尔的照片，在大街上呼吁道：

"我们需要英雄温斯顿，奥德姆需要英雄温斯顿，下议院需要英雄温
斯顿，英国也需要英雄温斯顿……"

丘吉尔则乘坐马车，在民众的前呼后拥中上街发表演说。他公布了在
英布战争中获得的第一手材料，并特别宣传了他本人传奇般的英雄事迹。
丘吉尔占尽天时、地利、人和，轻而易举地赢得了民众的支持。结果，丘
吉尔在奥德姆地区选出的三名议员中排名第二，顺利地夺回了上次选举中
在该区所失去的席位。

从此，丘吉尔开始了他长达61年的政治生涯。

面对如此光鲜的胜利和荣誉，26岁的丘吉尔一改过去张扬的作风，发
表了一篇成熟、大度的演说。他在演说中谦卑地指出：

"你们推举了三位有较高才能的人，我不过是第四位。令人诧异的
是，自由党候选人朗西曼先生却站在失败者中间。不过，我们不可能全是
胜利者。"

丘吉尔的演说技巧十分娴熟，处世态度也非常谦卑，英国著名新闻记
者史蒂文斯评价他说：

"论年龄，甚至论气质，温斯顿还是个孩子；但若论个人抱负、深思
熟虑、运筹自如、有的放矢、手段高明等方面，他已经是一个成熟的男子
汉了……"

奥德姆地区的选举结束后，保守党人向丘吉尔发出了邀请，希望他们
能到其他地区帮助该党发表助选演说，连约瑟夫·张伯伦等保守党领袖也
请他前去捧场。丘吉尔很聪明，他清楚地意识到，这是一次在全国范围内
提高自己声望的大好时机，也是为从事政治活动积累资金的机会。在此后

的几个月里，丘吉尔四处发表演说，不但赢得了巨大声誉，也赚了个盆满钵满。

多年之后，丘吉尔回忆这段经历时说：

"除了星期日以外，我差不多每晚都要演说一个小时或更多的时间，有时一昼夜演说两场。"

丘吉尔终于找到了适合自己的职业。他喜欢那种吵吵嚷嚷的热闹场面，喜欢那种众星捧月的感觉，而这正是政治家需要具备的基本素质。由此可见，丘吉尔选择从政是完全符合他的性格特点的。

（二）

1901年1月，在位长达64年的维多利亚女王逝世，女王的长子威尔士亲王继位为国王，称爱德华七世（1901—1910年在位）。大英帝国也迎来了一个悲惨的转折点，由鼎盛走向衰落，贵族地位和影响力开始衰退，资产阶级、工人和农民在政界的影响力日益凸显。

2月15日，丘吉尔第一次作为议员走进了位于泰晤士河畔的议会大厦——威斯敏斯特宫。他昂首阔步地走到下院保守党后座议席的第一排坐下，这是他的父亲伦道夫勋爵曾经坐过的位置。按照惯例，新议员应该在进入下议院后一个月发表亮相演说，但这位"伟大的急于求成的年轻人"不愿等那么长时间。在进入议会的第四天，丘吉尔便发表了在下议院的首次演说。

演说的主题依然是英布战争，这是丘吉尔最熟悉的话题。为了取得轰动效应，丘吉尔作了精心的准备，并尽力把全部内容背诵下来。传奇英雄的亮相演说吸引了众多的听众。那一天，下议院里座无虚席，连走廊上都挤满了人。

丘吉尔的演说获得了巨大的成功。针对自由党人士指责保守党政府烧毁布尔人庄园的行为，丘吉尔进行了辩护，这更赢得了保守党的掌声。之后，他又阐明给予布尔人以自由，并将投降条件规定得宽大一些的观点。他说：

"无论哪一个民族，都没有像布尔人那样在言论上得到如此多的同情，而在事实上又得到如此少的实际支援。"

殖民地大臣约瑟夫·张伯伦听到丘吉尔居然攻击保守党的政策，当即心生悔意。他悄悄地对邻座的议员耳语道：

"议会的席位就这样白白扔掉了。"

虽然诸如约瑟夫·张伯伦这样的保守党领袖对丘吉尔攻击该党的政策极为不满，但自由党人和保守党的年轻议员们却给予他极大的支持。首相索尔兹伯里侯爵对丘吉尔的表现也十分满意。

在演说结束时，丘吉尔很有技巧地把自己和他的父亲联系起来。他说：

"这里，如果不表达我的感激之情，我将无法安然入座。感谢诸位善意而耐心地在下议院听我讲话，我完全知道这种善意与耐心赐给我，并非出于我本人的原因，而是由于在座许多尊敬的议员先生至今仍保留着某种美好的回忆。"

丘吉尔步下讲台，向自己的座位走去。自由党领袖劳合·乔治热情地站起来，挤到走道上，迎上去紧紧地握住丘吉尔的双手。丘吉尔成功了，这次亮相演说让他成为大部分自由党和保守党人都支持的新议员。

精明的丘吉尔知道，如果无条件地服从政党领袖的想法的话，他将会做一辈子的议员，永无出头之日。要想走上政治快车道，他必须像他的父亲伦道夫勋爵那样，在党内建立自己的派别，同党的领袖们唱对台戏。

因此在随后的几个月里，他结交了几个和自己志同道合的保守党议员，同下议院中的自由党右翼站在一起。漫画家们把这个小集团与当年伦道夫勋爵的"第四党"相提并论，将其称为"休里干斯"。这一名称是由这个小集团中最著名的成员休·塞西尔勋爵的名字引申而来。塞西尔勋爵是首相索尔兹伯里的小儿子，在英国政坛上具有很大的影响力。

不久，这个小集团的名字就被传得走了样，被人们称作"胡里干"了。"胡里干"在英文中是小流氓、小混混的意思，不过，人们这样称呼丘吉尔的政治小集团并没有什么贬义。"胡里干"成员在政治上极为活跃，他们一个接一个地相继邀请两党政治领袖吃饭，和一些著名政治活动家经常在一起共同探讨政治问题，思考着英国的未来。

实事求是地说，丘吉尔公开和保守党唱对台戏是有作秀成分在内，但也是他对政见的自由表达，是在为英国的利益着想。因此，他那从公正、公平的角度提出来的诸多方案大都得到了民众和舆论的支持。基于这一点，当时有一家自由党的报纸曾预测：这位大胆带头批评政府提案的年轻议员，有朝一日可能成为自由党的政府首相。

（三）

20世纪初，英国在国际市场上的垄断地位逐渐遭受到后起之秀——德国和美国的威胁，两国的矿产和重工业产品已打入英国国内及其殖民地市场，为此，殖民地大臣约瑟夫·张伯伦产生了设立"关税壁垒"的想法。他想让大英帝国本土和殖民地、自治领之间进出口商品享有优惠税率，而大英帝国范围以外的商品则加重关税，以降低德国与美国的工业产品在英国的竞争力。

约瑟夫·张伯伦是一位具有敏锐眼光的杰出政治家，他的这一主张也符合英国的国家利益。但在当时的条件下，实施这一政策的时机还不成熟。一旦实施"关税壁垒"，除了重工业能够得到一定的实惠之外，轻工业和普通百姓的生活都会受到严重的影响，因为"关税壁垒"会增加需要从国外进口原料的轻工业和造船业的成本，也会促使进口粮食价格的上扬。

1902年4月，"胡里干"成员邀请"伟大的约瑟夫"共进午餐。约瑟夫·张伯伦欣然前来，并诙谐地对丘吉尔等人说：

"嘿，年轻的绅士们，我是在一伙很坏的人当中用午餐呢！"

约瑟夫·张伯伦的诙谐把丘吉尔等人逗笑了。但在告别时，他们却笑不起来了，因为约瑟夫·张伯伦向他们透露了"关税壁垒"。他说：

"你们，年轻的绅士们，像招待国王一样地招待我，为此，我要告诉你们一个像无价之宝一样的秘密——关税壁垒！这是将来，甚至是不久的将来的政治实质，你们要好好地研究它，彻底地弄通并掌握它。要知道，你们不会为殷勤地招待我而感到遗憾的。"

丘吉尔等人大吃一惊，明显感到英国政坛将爆发一场地震。为了弄清这一政策的利弊，丘吉尔展开了调查，请教财政专家。他很快发现，"关税壁垒"是跟根本不符合英国民众当前的利益的。于是，他在10月份来到自己的选区奥德姆城公开向选民们表示：他将坚定地维护自由贸易的原则。

1903年5月，约瑟夫·张伯伦在他的故乡伯明翰发表了主张实行"关税壁垒"政策的演说。丘吉尔预料中的政坛地震终于爆发了：约瑟夫·张伯伦的主张遭到了大多数民众和议员的反对，甚至连保守党内部也有不少人反对这一政策。

丘吉尔也抓住这一有利时机，向约瑟夫·张伯伦发难。他给新任首相阿瑟·巴尔弗写信说，如果首相不明确表示对张伯伦的谴责之意，那么"我必须重新考虑我在政治上所持的立场"。巴尔弗也是自由贸易政策的拥护者，但他十分清楚，如果这一争论持续下去的话，保守党很可能会因此陷入分裂，影响内阁的稳定。因此，他只给了丘吉尔一个含糊其辞的答复。

实际上，当时的保守党已经陷入分裂状态。反对关税壁垒的保守党成员已经成立了保守党食品自由贸易同盟，由德文希尔公爵担任同盟主席。丘吉尔曾主张食品自由贸易同盟与自由党联合起来，但没有取得成功。自由党则利用保守党陷入分裂的有利时机，同刚成立不久的工党达成协议，在将来的选举中建立同盟关系。

如此一来，主张自由贸易的保守党人与自由党结盟的可能性就被排除，保守党食品自由贸易同盟也濒于瓦解。丘吉尔现在意识到，他未来的政治前途不能寄托于陷入分裂的保守党，他必须转向与自己政见相合的自由党。

1903年夏，保守党内阁终于因为在关税问题上的尖锐对立濒临垮台的边缘，殖民地大臣约瑟夫·张伯伦于9月18日辞去在内阁中的职务，另外3位主张自由贸易的大臣也同时辞职了，巴尔弗不得不着手组建新的内阁。人们满心以为，巴尔弗肯定会在新内阁中为政坛新秀丘吉尔留一个位置的，但巴尔弗根本没有考虑风头甚健的丘吉尔。

巴尔弗首相的做法终于促使丘吉尔下定决心：脱离保守党。

1903年12月，他在演讲中激烈地抨击保守党的政策，并讨好地对自由党说：

"感谢上帝，我们还有个自由党！"

（四）

1904年3月，丘吉尔开始自称为"独立的保守党人"。这是他第一次脱离保守党，也是他政治生涯中极为重要的一步。他的政见与保守党格格不入，与自由党则有颇多相似之处。如果长期待在保守党内，他只能做一个颇有名气、但永无出头之日的异类。

丘吉尔脱离保守党之后，自由党议员们不失时机地鼓励他，自由党内著名的激进分子劳合·乔治甚至与丘吉尔成了无话不谈的莫逆之交。

5月末，丘吉尔在下议院的座位从保守党人一边转到反对党一边。从前，他的父亲伦道夫勋爵也这样做过。伦道夫勋爵坐在反对党的座位上之后，就再也没有离开过，直至郁郁而终。丘吉尔会与他的父亲有同样的结局吗？显然不会！他正确地判断了形势，跳下了一条即将倾覆的破船，踏上了向上攀登的阶梯，甚至连约瑟夫·张伯伦都为保守党多了这样一个对手而感到不安。他曾对身边的人说：

"温斯顿是所有年轻人中最聪明的一个，巴尔弗任凭他离开保守党是犯了一个错误。"

丘吉尔脱离保守党后，曾有6个选区建议他以自由贸易的独立拥护者身份作为该选区下届议会选举的候选人。奥德姆地区的保守党人联合会也向丘吉尔许诺，只要议会存在，就让他继续担任奥德姆的下议院议员。丘吉尔知道，这些提议不失为一条政治出路，但绝不是最好的道路。要想登上的更高的权力之峰，他就必须获得一个大党的支持，而加入自由党无疑是他最好的选择。

5月16日，丘吉尔来到英国著名的大城市曼彻斯特，向保守党"开炮"了。他抨击保守党是为大资本家服务的"强大同盟"，在国内贪赃受贿，在国外发动侵略；抨击"关税壁垒"政策是千百万人"昂贵的粮食"，百万富翁的"廉价劳力"。

说着，他还拿起一小块面包向听众晃了晃，朗声道：

"实施保守党人的政策时，你们将得到这样一块面包。"

丘吉尔的话刚说完，人群中就发出了一阵"嘘"声。显然，大多数人对关税壁垒政策都极为不满。

丘吉尔丢下手中的面包，伸开双手，手心朝下，往下压了压，示意大家安静。然后，他又拿起一块比第一块面包大得多的面包举过头顶，高声道：

"如果保持自由贸易，你们将得到这样一块面包啊！"

人群中立即爆发出热烈的掌声和欢快的呐喊。人们高举右手，大声呐喊道：

"自由贸易，自由贸易……"

1905年1月，丘吉尔被保守党组织秘书取消了保守党员资格。同年3月，当他对关税改革发表自己的看法时，一大帮支持政府的保守党议员在首相的亲自带领下退出了议会大厅，丘吉尔彻底与保守党脱离了关系。

第六章 年轻的内阁大臣

失去的永远不会比你手上现在握住的多。

——丘吉尔

（一）

1905年7月，巴尔弗内阁提出的"关税壁垒"议案在议会表决中被否决。按照英国的政治传统，巴尔弗内阁应该集体辞职，但巴尔弗首相却拒绝辞职。义愤填膺的丘吉尔立即攻击他说：

"在其他一些事情上，我对首相的聪明才智十分敬佩，他的品格就像内政大臣一样崇高……但首相拒不辞职，则是对议会传统的藐视，将使英王的荣誉蒙受耻辱。"

对于丘吉尔的攻击，巴尔弗回敬道：

"一般说来，我不希望把这种有预谋和粗暴的谩骂作风带到议会大厅中来。倘若事先经过谋划，措辞应当更文雅一些；倘若是非常粗鲁，则无疑会暴露出其内心的真实情感。"

这次演说恐怕是丘吉尔第一次在议会中如此粗鲁地表达自己的政治观点。在大多数情况下，他都能很好地控制自己的情绪，这一次为什么失控了呢？

原来，丘吉尔此时正在收集资料，撰写父亲伦道夫的传记。他的父亲只活了46岁，而他现在已经30岁了。如果他只能活到父亲那个年龄的话，他的人生岂不是已经走过了三分之二？

正是出于对岁月流逝的恐惧感，丘吉尔才急不可待地想要实现自己的政治抱负，对不得人心的巴尔弗内阁发起了攻击。

1905年底，巴尔弗内阁终于在多方压力之下倒台了，巴尔弗辞去首相之职。自由党领袖坎贝尔—班纳曼于12月5日组成新政府，解散了议会，并确定于次年1月举行大选。

这对丘吉尔来说无疑是个天大的好消息，因为此时他已经在自由党内站稳了脚跟。坎贝尔—班纳曼看到这几年丘吉尔的表现不俗，便邀请他在内阁中担任财政副大臣。

在英国内阁中，财政大臣是仅次于首相的职务，往往会成为首相的继承人。当年，丘吉尔的父亲伦道夫勋爵就曾当过5个月的财政大臣。但丘吉尔辞谢了新任首相的好意，因为他十分了解自己。他一看到数字就感到头疼，财政副大臣的职务显然并不适合他。

经过权衡之后，丘吉尔要求改任殖民地副大臣这一地位较低的职务。他到过印度、埃及、苏丹和南非等多处英国的殖民地，对殖民地的情况知之甚详。而殖民地大臣额尔金则对殖民地问题了解甚少，而且是上议院议员。因此，丘吉尔可以全权代表殖民地事务部在下议院发言，这无疑为他充分发挥积极主动性、发表独立见解、施展才华提供了更加广阔的舞台。

按照规定，内阁各部大臣及副大臣都可以配备私人秘书，丘吉尔的秘书是瘦瘦高高、博学多才的年轻人埃迪·马什。埃迪·马什的文学造诣颇高，在修辞学方面的审美能力尤其令人敬佩。作为丘吉尔的秘书，埃迪是十分称职的。他不但能为性急的丘吉尔很快准备好各种资料，还能在丘吉尔发脾气时劝住他。从此之后，两个建立了深厚的友谊，并一直合作到1953年埃迪去世时为止。

1905年底，丘吉尔带着马什住进威斯敏斯特附近的米德兰特旅馆，并在一连串的政治集会上发表极受听众欢迎的演说，因为他不得不面对1906年举行的大选。

在演讲中，丘吉尔充分运用了丰富的阅历和娴熟的演说技巧，与政治对手威廉·乔因森—希克斯展开辩驳。威廉·乔因森—希克斯是一位强有力的宗教界人士，在关税改革问题上是个稳健派。他抓住丘吉尔由保守党人转为自由党人的这一事实，指责丘吉尔的政治态度前后矛盾。

在曼彻斯特的一次演说上，威廉·乔因森—希克斯甚至印了攻击丘吉尔的小册子，当面递给丘吉尔。丘吉尔再也不是初出茅庐的雏鹰了，他已经学会如何应付这种令人尴尬的局面。他接过小册子，不慌不忙地回答说：

"我为保守党工作时，确实说了一些蠢话。我退出保守党，正是由于我不愿继续说蠢话。"

说完，丘吉尔把那本小册子一把撕碎，露出一副不屑一顾的神色。

丘吉尔的机智逗得听众们哄堂大笑，也让那些试图攻击他的保守党人自讨没趣。从此之后，丘吉尔步入了自由党的行列。不久之后，他便以自由党党员的身份当选为议员。

（二）

大选结束后，丘吉尔立即精力充沛地投入到殖民地事务部的工作当中。他与他的顶头上司额尔金勋爵年龄相差悬殊，性格迥然各异，阅历和修养自然也有很大区别，在工作中难免会有一些摩擦。不过，出于对丘吉尔能力的欣赏，额尔金勋爵忍受了丘吉尔的高谈阔论和坏脾气。

额尔金在处理与丘吉尔的关系时显得很老到，他总是先耐心地听取丘吉尔关于各种问题的高谈阔论，然后再坚持自己的意见。他曾说：

"我决心让他接触一切政务，但要对他有所控制。"

殖民地事务部的一位官员曾写道：丘吉尔时常"同额尔金勋爵呆在一起20分钟，或半个小时。他总是一边在办公室里来回踱步，一边滔滔不绝地倾吐自己的看法。额尔金勋爵则几乎坐在一边一言不发，直到丘吉尔说完，他才转过身来说：'我不同意你的意见，我也不会那样做。'"

总的说来，丘吉尔与额尔金勋爵之间的关系处理得还算不错，两人平时来往时也都表现出他们固有的绅士风度。尤其难得的是，在处理重大政策问题方面，他们总会保持相对一致的意见。

在殖民地事务部工作将满一年时，丘吉尔在给额尔金勋爵的信中表达了自己的感激之情。他在信中写道：

"没有一个人能像我这样感到幸运，在第一次参加内阁之际，就遇到一位对人信任、宽大为怀的上司。在处理政务的过程中，我从你的教诲和楷模中学习到很多东西。而如果我在别的地方，或许我的一生依然是茫无所知。"

丘吉尔从额尔金勋爵那里学到了不少从政经验，额尔金勋爵也从丘吉尔敏锐的政治嗅觉和勇于承担责任的作风中获益良多。在处理南非问题时，丘吉尔便做出了很大的贡献，主张给予南非的布尔人一定的自由。他在议会辩论答辩时宣称：

"如果要使英国在南非的统治持久稳定，就必须长期取得布尔人的合作。"

丘吉尔在下议院提出的给布尔人有限自由的方案获得了议会的批准。1906年7月31日，坎贝尔—班纳曼内阁公布了南非问题的解决方案，决定让布尔人的共和国在英帝国范围内实行自治，并于1907年开始实施。

1907年下半年，丘吉尔赴英国各东非殖民地作了一次为期3个月的半视察半休假的旅行，东非地区丰富的自然资源也引起了丘吉尔的强烈兴趣。他的心中萌发出一个雄心勃勃的计划——如果在这里大修铁路、大建电站、大盖工厂的话，东非沉睡的丛林、滚滚而去的瀑布都将从无穷的潜力变成大英帝国巨大的财富。于是，他一边旅行，一边把即兴而来的设想倾注笔端。遗憾的是，额尔金对丘吉尔不断寄来的汇报和备忘录并不感兴趣。

丘吉尔只好退而求其次，将他在东非的见闻撰写成文章，在《滨海杂志》上连载，以期引起民众的关注。不久，他又依旧例对其增补编撰，以《我的非洲之行》为题发行了单行本。在这本书中，丘吉尔提出了一些开发非洲、在乌干达进行国家社会主义实验的设想。

在处理繁杂的殖民地事务的同时，丘吉尔也未放弃对国内事务的关注。在非洲之行即将结束时，丘吉尔曾写信给商务部劳动统计局局长，向他请教关于运用德国在职业介绍、残疾保险等方面的经验，并把他们的成功经验移植到英国来，以便"在比较低水平的国家保险的基础上，加强现存的社会保险机构"。

丘吉尔甚至已经开始构思演讲稿，打算于1908年1月底在伯明翰发表关于社会改革问题的演说。他曾对埃迪说：

"提出建立最低生活工资标准，确立保险体制，以使人们不致因意外事故、患病或体弱以及竞争失败而丧失生计，这将是我演说的主题。"

与此同时，丘吉尔对自己的老本行——军事也产生了浓厚兴趣，他与海军元帅费希尔建立了亲密的关系，并系统地了解了英国海军的改革情况。

十分明显，丘吉尔并不满足于做一个小小的殖民地副大臣，他还有更高的理想。事实也证明：他在国内事务和军事方面投入的精力都没有浪费，因为他很快就要在这两个领域施展才干了。

（三）

丘吉尔回到伦敦后不久，坎贝尔一班纳曼首相就因突发中风而辞去了首相之职。财政大臣阿斯奎斯奉英王爱德华七世之诏，开始筹划组建新内阁。

阿斯奎斯想让丘吉尔担任海军大臣或地方政府事务大臣，但现任海军大臣特威德蒙斯勋爵是丘吉尔的姑父，他不想取而代之，便退而求其次，选择了地方政府事务大臣一职。然而，现任地方政府事务大臣是内阁中唯一的工联主义者约翰·伯恩斯，他根本不愿意离开这一职位。

几经考虑，阿斯奎斯首相决定安排丘吉尔接替劳合·乔治担任商务大臣一职，劳合·乔治则接任阿斯奎斯本人的财政大臣之职。阿斯奎斯首相还答应丘吉尔，他会将商务大臣的地位提高到内阁大臣的等级。

就这样，1908年4月丘吉尔进入内阁，时年34岁，成为英国政府近50年来最年轻的内阁大臣。

根据英国1707年摄政法的规定，丘吉尔在就任内阁大臣之前必须辞去下议院议员的职位，重新参加补缺选举。丘吉尔不得不于4月中旬来到曼彻斯特展开竞选演说。然而，时过境迁，今日的曼彻斯特已经不是两年前的曼彻斯特了，曾经支持丘吉尔的大部分爱尔兰人都转向保守党。保守党人也趁机兴风作浪，在《曼彻斯特信使报》上刊登了诬陷丘吉尔的信件，说他在南非时越狱违背了他立下的绝不逃走的誓言。

结果，丘吉尔在内阁大臣竞选中落选了。好在丹迪市在关键时刻向丘吉尔发出邀请，请他到该选区参加竞选，才使他避免了尴尬的失败。

现在，他终于可以放心地到商务部上任去了。上任的第一天，丘吉尔就在办公室的写字台上摆了一尊拿破仑的小铜像。拿破仑是丘吉尔最佩服的法国人之一，也是他的偶像。这尊小铜像似乎表明，丘吉尔想做一个拥有英国最高权力人——首相。

商务部的职能范围十分广泛，贸易问题、运输问题、工业问题、劳工问题，甚至专利和版权问题都归商务部管辖。而当时英国的工人运动方兴未艾，罢工事件时有发生，因此，丘吉尔一上任便开始进行社会改革，试图解决劳工问题。

这位出身贵族的商务大臣从社会稳定的角度出发，出台了一系列有利于工人的措施。他向议会提交了"血汗劳工"问题的法案，以保障底层工人的生活；他率先在煤炭工业系统建立了8小时工作日制度；在商务部内设立劳工职业介绍所，帮助失业者寻找工作，帮助企业家雇佣工人，减少因失业引起的惊恐情绪；制订了强制保险法案，包括失业和残疾保险，以确保工人们在失去工作机会和丧失劳动能力后还能维持基本的生活。

为了筹措解决保险问题的资金，财政大臣劳合·乔治曾提出增加1400万英镑的财产和地产税的方案，打算通过向富人征税的方式来弥补为工人缴纳保险的开支。但是，这一法案引起了代表贵族和大资产阶级利益的保守党人的强烈反对，他们先在下议院中逐条批驳劳合·乔治的财政计划，又于11月凭借在上议院中的多数席位彻底否决了劳合·乔治的财政预算。

为打破僵局，丘吉尔站了出来，主动请缨，要担任劳合·乔治"预算同盟"的主席，与代表贵族和大资产阶级利益的保守党人展开唇枪舌剑。为此，有人指责他说：

"贵族的儿子背叛了贵族。"

实际上，丘吉尔和劳合·乔治不过代表了自由党中要求彻底进行社会改革的那部分人。进行彻底的社会改革不但符合英国的长远利益，也符合自由党人的利益，因为他们的行动很容易赢得工人的好感，可以让工人们明白，自由党比工党更加关注工人的生存状态。

果然，丘吉尔的种种努力不但获得了工人们的好感，也因罢工事件减少而受到了议会和内阁的好评。

丘吉尔虽然崇尚荣誉，但同时也是一个非常谦虚的人。鉴于他在二战期间建立的卓越功勋，英国国会曾在战后多次提议为丘吉尔塑造一尊铜像，供民众瞻仰。但丘吉尔却拒绝道："多谢大家的好意，我怕鸟儿喜欢在我的铜像上拉屎，所以还是免了吧！"议员们从他这句幽默的话中听出了弦外之音——谦虚。因此，丘吉尔的铜像直到他去世多年后才在议会大厦前立起来。

第七章　出任海军大臣

勇气就是不断失败也不会丧失热情。

——丘吉尔

（一）

在进入内阁的这一年，丘吉尔还收获到一份美满的爱情和婚姻。丘吉尔继承了父亲伦道夫勋爵敏锐的政治嗅觉，但却没能继承父亲在社交上的潇洒风度。尽管出身贵族的丘吉尔也像父亲一样，经常参加上流社会的社交活动，但他根本不和年轻的姑娘们接触，他参加社交的目的只是为了了解政治动向，而不是为了谈情说爱。每当接到舞会邀请函的时候，丘吉尔都会事先准备好一个小金属箱子，里面装着他喜欢的书和笔记本。讨论完政治话题之后，其他人纷纷去邀请年轻的姑娘们跳舞，丘吉尔就静静地走到角落里，坐下来读书、记笔记。

对丘吉尔这种类似清教徒的生活习惯，周围的人都议论纷纷，有人说他要打一辈子光棍，也有人说他有同性恋倾向，而了解他的朋友则说：

"他整个身心都投入到工作当中了。在没有政治活动时，他就读书和写作……"

1908年的夏天，丘吉尔终于告别了单身生活。有一次，他跟堂兄玛尔巴洛公爵九世去丹迪市举行演说，晚上就住在当地的拉特兰小镇上。深夜时，他们住的公寓突然发生了火灾。由于小镇太过偏僻，消防队没有及时赶到，当地的大多数青年只是围在火场周围焦急地等待着。如果这样下去，整个公寓和里面所有的东西都会被烧光。

丘吉尔见状，立即高呼道：

"嘿，小伙子们，拿出你们的绅士风度来，赶快去救火吧！"

说完，丘吉尔率先冲进大火之中往外搬东西。众人见内阁大臣都冒着生命危险冲进火场搬东西了，也纷纷加入其中。当丘吉尔最后一次从里面跑出来时，公寓的屋顶在他背后几米的地方轰然倒塌。人们都为他捏了一把汗，如果他再晚出来一秒钟的话，就会命丧火场了。

第二天，当地报纸报道了丘吉尔奋不顾身英勇救火的英勇事迹。这个贵族出身的内阁大臣成了当地人心中的英雄，许多少女也对他产生了爱慕之心，丹迪市一位名叫克莱门蒂娜的少女还给丘吉尔发了一封洋溢着爱情之火的电报。

丘吉尔来几个月前在丹迪市竞选时，克莱门蒂娜就被他那英姿勃发的气质和口若悬河的演讲所打动。如今，丘吉尔那惊人的勇敢再一次征服了她的芳心。于是，她鼓起勇气给丘吉尔发了一封电报，表示想与她爱慕的英雄见一面。

接到克莱门蒂娜的电报之后，丘吉尔的心底也悄悄燃起了爱情之火，他立即给克莱门蒂娜回电说：

"火灾是一种顶好的娱乐，我们痛痛快快地享受它的乐趣吧。"

几天之后，他便接受了克莱门蒂娜见面的邀请。在堂兄玛尔巴洛公爵九世的热心帮助之下，两个年轻人在丘吉尔出生的布兰尼姆宫相见了。

克莱门蒂娜长着一双漂亮的大眼睛，肤色白皙，一头乌发浓密而又柔软。更加难能可贵的是，她能说一口流利的法语，对政治也很感兴趣，和丘吉尔有着很多共同语言。两人聊着聊着就忘记了时间，忘记了身旁的一切。

经过几次接触后，丘吉尔感到，克莱门蒂娜就是他梦寐以求的女子，他必须向她求婚。克莱门蒂娜也对丘吉尔产生了深深的爱恋。于是，当丘吉尔向她求婚时，她毫不犹豫地答应了。

克莱门蒂娜寡居的母亲对丘吉尔也很满意，认为他是一个好儿子，也会是一个好丈夫。她对女儿说：

"我认为，一个好儿子一定会是个好丈夫的。"

就这样，丘吉尔与克莱门蒂娜于1908年9月12日顺利地步入了婚姻的殿堂。丘吉尔的婚礼吸引了许多人。丘吉尔是内阁大臣，其婚礼的规格相当高，主婚人是两位主教，证婚人则为财政大臣劳合·乔治，连英王爱德华七世也派人送来了一件特别的礼物——一根嵌有马尔巴罗家族徽饰的镶金马六甲手杖。大银行家卡塞尔还赠给这对年轻夫妇500英镑的礼金。

到场表示祝贺的人多达1400多人，教堂四周的街道上挤满了大批的围观者。大部分人都是冲着丘吉尔内阁大臣的身份而来的，还有一部分人是来看热闹的，人们纷纷感叹道：

"这个清教徒终于结婚了！"

（二）

婚后，丘吉尔和克莱门蒂娜的生活过得十分平淡。像当时大多数英国贵族家庭一样，丘吉尔很少过问家庭琐事。好在克莱门蒂娜是一个通情达理的女子，她不但有美丽的容貌、高雅的气质，还有极好的忍耐力。她不但能对付丘吉尔的各种要求和癖性，甚至是异想天开的怪念头，还能使他在发怒时冷静下来。

在两人共同生活的56年中，克莱门蒂娜成功地扮演了妻子的角色，成为站在丘吉尔背后最有力的支持者；而丘吉尔也为他能娶到这样的妻子感到欣慰。因此，在此后的岁月中，他也总是千方百计地克制自己的坏脾气，配合妻子对家庭生活所做的各种安排，并且始终对她爱护有加。

在丘吉尔结婚后的一年多，英国政坛再一次爆发了地震。1909年12月，下议院通过一项决议案，谴责上院破坏宪法并篡夺了下议院的权利。随后，政府解散了下议院，并宣布于1910年1月举行大选，这主要是因为保守党人利用上议院多数席位否决了劳合·乔治提出的财政预算。在英国的政治传统中，上议院和下议院已经形成一种默契，那就是——上议院不得否决下议院通过的议案。保守党人的行为打破了这一传统，自由党人立即指责他们破坏了英国立宪准则和立宪传统。

自由党本来可以依靠在下议院的多数席位开展反对上院的斗争，但他们太自信了，希望通过大选得到选民们的肯定。

1910年2月9日，大选结果出来了。令所有自由党人大跌眼镜的是：选民判定他们失败，自由党在下议院失去多数席位的地位，内阁也面临垮台的危险。好在爱尔兰民族主义者和工党在关键时刻支持了自由党，才使内阁勉强维持下去。

在自由党全面失利的情况下，丘吉尔在丹迪市的竞选却轻而易举地获得了成功。丘吉尔敏锐地意识到，工人阶层在政坛上发挥的作用已经越来越大，因此他与工党议会党团领袖结成竞选联盟，联手对付两名保守党人。代表贵族和大资产阶级的保守党人宣称：

"所有的文明都是贵族所创造的。"

作为玛尔巴洛公爵的后代，丘吉尔并没有为贵族唱赞歌。他站在公理一边，以他出色的演说技巧，强有力地表达了自己的政见。他说：

"奥德姆没有一个公爵、侯爵、伯爵或子爵不认为应该向他表示敬意，但是，我们应该更确切地说，供养贵族是整个文明世界的艰苦工作。"

丘吉尔此言遭到了亲朋们的责骂，不少人都说他"玷污门庭"。但工人阶层却十分佩服这位目光如炬的贵族政治家，他们纷纷将手上宝贵的一票投给了丘吉尔。

由于丘吉尔在这次竞选中表现突出，阿斯奎斯首相更加器重他了，遂将他调任到更加重要的职位上——内政大臣。

内政大臣是英国内阁中地位较高、权力很大的职务。年仅35岁的丘吉尔能登上内政大臣的宝座，不能不说是一种很大的成就。比起商务大臣来说，内政大臣的工作更具挑战性。内政部负责管理全国的监狱、少年罪犯营、消防队和伦敦警察局，可以建议国王赦免罪犯，对组织议会选举有一定的权力。全国的道路、桥梁、运河、矿山、农业、渔业、社会治安等，在一定程度上也属于该部管辖。在如此重要的岗位上，丘吉尔应对各种突发事件的能力得到了很大的提升，政治素养也有了很大的改善。

（三）

1910年5月，英王爱德华七世突然逝世，他的次子乔治继位为新的英王，称乔治五世（1910—1936年在位）。此时，大英帝国不但世界经济霸主的地位不保，世界军事霸主的地位也遭到了德国等后起之秀的威胁。为了重新瓜分世界，德国公开加强军备，其中对海军的投入尤其巨大。

英国政界很快就意识到了德国的野心。作为军人出身的内政大臣，丘吉尔对德国的野心看得更加清楚。他与时任德国驻英大使麦德尔·尼赫伯爵是十分要好的朋友。尼赫伯爵回国前，丘吉尔为他举行了欢送晚宴，并在送别时明确地对他说：

"德国不应企图同英国在海上开战。如有必要，德国建成一艘军舰，我们将建造两艘……激进派与保守派无论怎样相互指责，但在这个问题上立场是一致的。"

但海外殖民地对德国的诱惑力实在太大了，德国军政界根本没有理会丘吉尔等英国政治家的警告。1911年7月，德皇威廉二世乘坐"豹子号"炮艇突然来到摩洛哥名不见经传的小渔港阿加迪尔。当时，摩洛哥刚刚沦为法国的保护国，威廉二世为什么会突然来到这个败落的小渔港呢？

丘吉尔敏锐地意识到，这是德皇威廉二世觊觎北非之心最好的明证！他立即撰写了一沓厚厚的备忘录送到内阁大臣们的手中，希望德皇威廉二世的举动能引起他们的戒心。

然而，妄自尊大的英国人并不认为德国会对英国世界霸主的地位构成威胁。他们一向认为：英国的海军是盖世无双的，后起的德国海军只是一个小字辈。而且，荒凉的摩洛哥又是法国的殖民地，英国人何必多管闲事呢？再说了，即便要对德国保持戒心，这个备忘录也不应该由丘吉尔提出来，而应由军方或外交部提出来。外交大臣格雷就曾挖苦丘吉尔说：

"温斯顿见多识广，看来不用多久，政府中除了当首相以外，别的什么职务都不合适他了。"

丘吉尔不理睬这些，频频地走访外交部和陆军部，了解英国同欧洲各国的关系和英国的战备情况，查阅国防委员会会议记录，向将军们询问军事形势。了解得越多，他对英国的未来就越担心。他敏锐地意识到，英、德之间的战争已经不可避免，当前英国应该未雨绸缪，积极备战。

根据所了解的军事情报，丘吉尔于8月13日写了一份详尽的《本大陆军事行动问题》备忘录上报首相阿斯奎斯。他预测，未来的战争主要战役将在法、德两国领土上进行。如果要打赢这场战争，英国应向法国派遣13个师的远征军和一些辅助部队，共计30万人。

丘吉尔的这份报告写得有理有据，处处体现了他的深思远见。英国内阁和国防委员会很快便批准了它，并认为这份报告显示出丘吉尔"丰富的想象力和天才的军事思想"。首相阿斯奎斯也更加倚重他，遂决定将其调往海军部任职，以加强海军建设。

英国是一个岛国，其殖民地又遍布世界，要管理这些殖民地也需要漂洋过海。此外，英国人的很多生活用品和工业原材料也需要其他国家供给，而这一切一切都离不开海上运输和军事保障。因此，海军在英国历史上一向占有重要地位，管理海军的海军大臣在内阁中的地位自然也是举足轻重。

9月下旬，阿斯奎斯首相前往苏格兰的阿什菲尔德海滨度假，邀丘吉尔同往。两人一边打着高尔夫球，一边聊着英国的政局和世界形势。突然，首相问道：

"温斯顿，我打算调你前往海军部任职，任海军大臣，你有什么意见？"

丘吉尔诧异地看了首相一眼，随即会心一笑，毫不犹豫地答应了。尽管海军大臣的官阶比内政大臣要低一些，但丘吉尔知道，在大战将临之际，在海军部工作更能发挥他的作用。

就这样，1911年10月25日，丘吉尔与原海军大臣麦肯纳交换了职位，成为英国新任海军大臣。

（四）

尽管丘吉尔是一名出身军人的政治家，但他从没有当过一天海军。对海军建设来说，他完全是一个"门外汉"。因此，他刚一上任便遭到多方的质疑，人们都担心这个"门外汉"会把英国海军弄得一团糟。但事实很快证明，人们的担心完全是多余的。丘吉尔知人善任，刚一上任便进行了人事改革，起用了一批很有才华的青年军官。

随后，丘吉尔便针对英国海军部队和海军部存在的种种弊端展开了大刀阔斧的改革。他像一个工作狂一样，每天马不停蹄地奔波于各海军基地之间，甚至连周末也要工作8个小时以上。

为了加强海军部判断形势和制定政策的能力，丘吉尔在海军部建立了参谋人员值班制度，规定值班人员在必要情况下发紧急警报。他还在办公室的墙上挂了一张北海地区的形势图，让参谋人员随时用小纸旗在上面标出德国海军的兵力部署情况。他想在海军部中极力营造一种临战气氛，使部内各级人员相信：英国海军面临的威胁已经迫在眉睫。

1912年1月，丘吉尔在海军部正式建立了作战参谋部，由第一海务大臣具体领导。他还下令对参谋人员进行培训，要求参谋人员认真研究英国历史上所发生的所有经典海战范例，寻找对付德国海军的办法。

他的这一措施收到了明显效果。在战争爆发后，英国海军部参谋部提出了许多富有建设性的意见，其中最著名的便是对德国实行"远距离封锁政策"。

为了提高英国海军的战斗力，丘吉尔提高了普通士兵的薪饷标准，修改了军纪条例中的某些处罚士兵的荒唐规定，并规定优秀的士兵可以被任命为军官。

丘吉尔此举不但为普通士兵升迁打通了一条通道，也极大地提高了士兵们的战斗积极性。海军杂志《舰队》在丘吉尔任海军大臣约一年后曾撰文指出：

"在海军历史上，在处理下级军官与士兵的各种待遇方面，还没有一位海军大臣能比温斯顿·丘吉尔具有更为实际的同情心。"

在完成内部管理改革的同时，丘吉尔还充分注意科学技术的发展对提高海军作战能力的重要作用。他积极建议政府采用性能更好的石油取代煤炭，作为军舰的新燃料。但当时的英国并不产石油，于是，丘吉尔又说服政府，以200万英镑之巨资成立了伊朗石油公司。他还冒着风险决定将新型军舰上的主力火炮由340毫米口径改为380毫米口径。

此外，他还极力鼓励皇家海军航空兵部队在使用水上飞机和飞艇方面进行大胆试验。在此期间，丘吉尔自己也学会了开飞机。事实证明，这些举措在后来的战争中都发挥了极其重要的作用。

在丘吉尔的领导下，英国海军所取得成就赢得了国王和首相的赞赏，也引起了德国方面的不安。1912年1月，德国政府主动向英国提出，他们想就限制海军军备与英国达成谅解协议。这是一种外交上的策略手段，也是对英国政府开战决心的试探。英国政府立即派出陆军大臣霍尔丹前往柏林，与德国政府谈判。

令霍尔丹大吃一惊的是，他刚到柏林，德皇威廉二世就在国会宣布：德国将大幅度增加军费开支。这位被称为"恺撒"的德国皇帝宣称：

"支持和加强德国在陆地和海上的国防实力，是我的永恒职责和本分……德国人民并不缺少能够拿起武器的年轻人。"

德皇威廉二世的举动激怒了英国人。1912年2月，丘吉尔在格拉斯哥发表了一篇针锋相对的演说。他宣称：英国人从儿童开始就开始接受热爱海洋的教育，每个人都有当海军的精神准备，所以"英国从来都不缺海员"。他特别指出：

"英国海军是一支无比强大的防御力量，英国海军对我们来说也是必需的；而德国海军，从某种意义上说，对德国人是一种奢侈。我们的海军实力直接关系到英国本身的生死存亡，是我们生存的保证；但对德国人来说，强大的海军实力就是扩张。"

丘吉尔的这篇演说在德国和英国都引起了强烈的轰动。德皇威廉二世斥责丘吉尔"狂妄自大"，英国内阁中一些人则斥责丘吉尔讲话不知轻重，但英国新闻界和民众对丘吉尔的这篇演讲却好评如潮。

丘吉尔对海军的改革取得了极大的成就，但也因海军军费的大幅度增加引起了一些人的不满，甚至连财政大臣劳合·乔治也认为海军部的预算过于庞大了。不过，他同时认为内阁不能少了丘吉尔这样杰出的人才。他曾公开宣称，丘吉尔留在内阁里"值百万英镑"。事实也是如此，丘吉尔在海军部任职期间要比他的前任干得出色得多。后来，当丘吉尔离开海军部时，原陆军大臣基奇纳对他说：

"您永远可以引以为豪的是，您已使英国舰队做好了充分的战争准备。"

第八章　悲壮地走下政坛

永远，永远，永远，永远都不要放弃。

——丘吉尔

（一）

1914年夏季，帝国主义之间的矛盾已经公开化了。德、意、奥三国组成的"三国同盟"和英、法、俄三国组成的"三国协约"之间的关系十分紧张，一场席卷整个欧洲的大战一触即发。

1914年6月28日上午9点，波斯尼亚青年普林西普在萨拉热窝刺杀了主张吞并塞尔维亚的奥匈帝国皇储斐迪南大公夫妇。这一事件被称为萨拉热窝事件，成为第一次世界大战的导火索。

7月23日，奥匈帝国在获得德国无条件支持下，向塞尔维亚发出最后通牒，包括交出凶手、镇压反奥活动和罢免反奥官员等。虽然塞尔维亚同意了奥匈帝国的大部分条件，但奥匈帝国在德国的支持下依然将冲突迅速升级到军事层面。7月28日，奥匈帝国对塞尔维亚宣战，打响了第一次世界大战的第一枪。

消息传到伦敦之后，丘吉尔立即命令各舰队进入战备状态，随时准备开赴战场。战争是一件令人厌恶的事情，但既然无法避免战争，战争巨子们就得在战场上表现他们的杰出才能和智慧。出身军人的丘吉尔也意识到，战争将是他表现自己的一次大好机会。他在给妻子的信中说：

"发生的每件事都在导致灾难和崩溃，我感到有趣、亢奋和快乐……我乞求上帝宽恕我这种令人可怕的轻率情绪。然而为了和平，我将竭尽全力，没有什么能诱使我会不公正地去回击这种灾祸。"

从表面上看，第一次界大战的爆发是由萨拉热窝事件引起的。其实不然，这场战争爆发的真正原因是帝国主义之间矛盾积累的必然结果，站在塞尔维亚背后的是强大的俄罗斯帝国和法国。英国虽然没有公开表示要支持塞尔维亚，但也在私下里鼓励俄国积极备战。

8月1日，德国正式向沙俄宣战。

丘吉尔获悉之后，立即赶往唐宁街10号的首相府邸，开门见山地对阿斯奎斯首相说：

"尊敬的首相阁下，在当前的形势下，我准备先自行下达总动员令，然后再请内阁追认。"

阿斯奎斯略一沉思，点点头说：

"温斯顿，你的判断是正确的。除此之外，我们还能有什么办法呢？这场战争迟早会降临到不列颠头上的。"

丘吉尔立即返回海军部，向各舰队下达了总动员令。第二天，内阁召开会议，追认了丘吉尔所下达的命令。

就在此时，德军出兵中立国卢森堡的消息传来了。内阁大臣们坐在办公室里，面面相觑，陷入沉默。丘吉尔突然站起来，挥舞着紧握的拳头高声喊道：

"开战！开战！开战！"

8月3日，德国向其西部的邻国法国宣战。次日，德国又出兵中立国比利时，驱逐该国境内的法军，比利时被迫对德国宣战。英国考虑到比利时对自己国土安全的重要性，立即向德国发出最后通牒，要求德军在当晚11点以前从比利时撤退。

夜深了，丘吉尔焦急地在海军部的办公室里踱来踱去，等待着宣战时刻的到来。他时不时抬头看看墙上的挂钟，已经10点45分了，如果德国方面在15分钟内不作回复的话，英国便要向其宣战了！

晚上11点整，德国方面依然没有就英国的最后通牒作出任何回复。随即英国政府下达向德国宣战的命令，丘吉尔也在同一时间向海军下达了作战命令。

命令签发之后，丘吉尔立即迈着坚定的步伐，在民众的欢呼声和《上帝保佑英王》的国歌声中穿过近卫骑兵检阅场，前去唐宁街10号的首相府邸向阿斯奎斯通报最新情况。他的表情看上去十分平静，既不沮丧，也不得意洋洋，就像一个人去从事一件极其习惯的工作一样。

（二）

在开战后几周内，丘吉尔和他建立的海军部执行委员会每天上午都会在海军部召开会议，研究兵力部署相关事宜。英国海军最初的战况并不理想，令丘吉尔和海军部深感失望。9月22日，德国潜艇在荷兰沿海击沉了英国的3艘老式装甲巡洋舰，英国海军阵亡达1500余人。

与此同时，丘吉尔应法国人的请求，向敦刻尔克派出了一支海军陆战队。为了运送数量庞大的陆战队队员，丘吉尔从伦敦街头征用了50辆公共汽车。在他的亲自监督下，陆战队队员们先被运到海滨，随后又在海军的护送下顺利穿越英吉利海峡，抵达法国重要的海港敦刻尔克。但敦刻尔克并没有发生任何战斗，丘吉尔领着他的陆战队在前线各处跑来跑去，寻找战机，人们戏谑地将这支奇怪的队伍称为"敦刻尔克马戏团"或"丘吉尔马戏团"。

由于丘吉尔大部分时间都在法国前线奔走，到各处巡视海军陆战队和海军航空基地，这就导致内阁在召开讨论海军问题的会议时海军大臣常常缺席。阿斯奎斯首相只好替丘吉尔掌管海军部的日常工作，放手让丘吉尔在欧洲大陆大干一场。

10月初，德军已经深入到法国和比利时的腹地，比利时最重要的海港城市安特卫普岌岌可危。寡不敌众的比利时政府决定放弃安特卫普，撤往奥斯坦德。由于阿斯奎斯首相不在伦敦，无法及时处理这一紧急事件，丘吉尔立即和外交大臣格雷、陆军大臣基奇纳等人商议应对办法。经过商议后，他们决定要求比利时政府坚守安特卫普。当时，丘吉尔正要再次到敦刻尔克去视察海军陆战队，大家便要求他前去安特卫普向比利时政府转达上述意见。

10月3日下午，丘吉尔到达安特卫普，与比利时政府进行了商谈。比利时人同意在该地坚守10天左右，以等待协约国援军的到达。丘吉尔也当即命令敦刻尔克的英国海军陆战队先派两个旅来增援安特卫普。

10月4日，丘吉尔致电阿斯奎斯，请求准予他辞去海军大臣职务，并授予他在安特卫普的正式军事指挥权。基奇纳建议首相授予丘吉尔中将军衔，全权指挥安特卫普方向的军事行动。阿斯奎斯首相略一沉思，拒绝了这一建议。

当天，阿斯奎斯首相在日记中写道：

"温斯顿从前是一名骠骑兵中尉，如果接受他的这个建议，他就有权指挥两名卓越的少将，更不要说准将、上校等军官了！可是，海军只不过提供了很少几个旅的兵力。"

最后，英国内阁决定任命亨利·罗林森爵士统率安特卫普的英国军队。实际上，丘吉尔此时已把英军的指挥权抓在手里。不过，他奉命于10月6日交出了指挥权，返回伦敦。

丘吉尔走后几小时，比利时政府就放弃了这座伟大的城市，军队主力撤离阵地，向西南方向移动。在溃退中，英国海军陆战队几个旅的兵力被德军打散，约2500人成了德军的俘虏。一时间，舆论哗然。在保守党的组织下，人们对丘吉尔进行了猛烈抨击。

（三）

1914年下半年和1915年初，英国海军接连击沉了德国海军多艘巡洋舰，终于扭转了战局。在胜利的鼓舞下，丘吉尔向帝国防务委员会提出，消除敌军入侵英国威胁的最好防御手段就是主动进攻。他还提出了两个作战方案：其一，在北海封锁德国各海港出口；其二，进攻达达尼尔海峡，进攻土耳其最大的城市君士坦丁堡，与俄国人取得联系。

1915年1月2日，俄国陆军总司令尼古拉·尼古拉耶维奇大公发电给英国首相阿斯奎斯，请求英军对土耳其采取牵制行动，以减轻俄军在高加索地区的压力。如此一来，内阁会议便确定首先执行丘吉尔提出的后一种方案，即达达尼尔方案。然而由于指挥不力，英国海军在达达尼尔海峡损失惨重，这再一次引起了舆论的哗然。

5月中旬，时任第一海务大臣海军元帅的费希尔断然提出辞职，丘吉尔与费希尔的合作关系结束。阿斯奎斯首相曾试图挽留费希尔，但费希尔拒绝与丘吉尔和解，并要求更新海军部班子。

在诸多政治压力下，阿斯奎斯首相决定与保守党合作，组织联合政府。在与保守党领袖进行协商之后，阿斯奎斯解除了丘吉尔的海军大臣职务，让其担任"不管部"大臣的虚职。因为保守党领袖博纳·劳曾公开声明，如果丘吉尔不离开海军部，保守党就拒绝支持政府。

10月，英国历史上第一届联合政府成立了达达尼尔委员会，指挥土耳其方面的战斗。但这个机构结构臃肿，人员冗多，意见难以统一，再加上前线指挥官的贻误战机，致使前线的战事依然毫无进展。

10月下旬，阿斯奎斯首相决定将达达尼尔委员会改为作战委员会，精简人员，负责监督一般的作战行动。由于保守党的排挤，丘吉尔被迫离开作战委员会。这一下，丘吉尔完全被排除出战争指挥机关。他沮丧地对当时的报业大亨李德尔勋爵说：

"从各方面来说，我都是一个不能再有发展的人了。我感兴趣的是战争，是打败德国人。我有过很高的地位……有过杰出人物才能担任的高薪职位，这一切都变成了泡影……"

11月15日，丘吉尔在下议院发表了辞职演说。他在演说中特别指出：

"我在海军部任职期间，没有一项重大的政策性行动、舰队的重新分派计划、船只的调动和作战计划不是征得了海军第一海务大臣同意的，而且记录在案。"

丘吉尔成了政治斗争的牺牲品，但他并没有因此而痛恨保守党人。为了国家和民族的命运，丘吉尔从一开始就建议首相吸收保守党人进入内阁，组织联合政府；在战争中，他毫无保留地与保守党朋友一起坦率地讨论战时政策；甚至在离职时，他还向首相推荐保守党领袖巴尔弗继任海军大臣。相形之下，丘吉尔要比那些囿于党派之争的政治家们高尚得多。

从海军部调往"不管"部任职，继而又被排挤出作战委员会，这对丘吉尔来说是一次极大的打击。他在《随想与奇遇》一书中就此事写道：

"我了解每一件事情，但却什么事情也做不了……就像海兽从深海被捕捞后带出海面，或像潜水员突然浮出水面，我的血管由于压力突降而有爆裂的危险。"

母亲伦道夫夫人十分担心儿子的状态，她曾写道：

"……害怕他会因无所事事而感到十分悲伤，那是对他多么可怕的伤害和肢解。把他从那里的工作岗位上调离，就好像贝多芬变聋了一样。"

可以想象，对一个从小就向往从政的人来说，在刚刚取得一定成果，还没来的仔细品尝时就被莫名其妙地赶下台，是一件令人多么悲伤的事情啊！

第九章　接受战火的洗礼

如果纠缠于过去与现在，我们将失去未来。

——丘吉尔

（一）

1915年的冬季，丘吉尔的心情就像伦敦雾蒙蒙的天空一样阴郁。从1905年担任殖民地副大臣开始，年轻的丘吉尔已经在英国政坛度过了风光无限的10年。没想到，他竟像父亲当年一样，突然从位高权重的位子上跌落下来。

丘吉尔伤心极了。他曾无数次伫立在办公室的窗口，望着凋敝的伦敦街头，思索着自己的未来。最终，他作出一个惊人的决定：以少校军衔奔赴英国远征军，到法国前线打仗去。以一个前海军大臣的身份自告奋勇去前线当一个普通军官，这其中多少有几分赌气的成分。要知道，战场上子弹可是不长眼睛的，它才不会因为丘吉尔是前海军大臣就躲开他。

1915年11月18日，丘吉尔身着少校军服，悲壮地走出家门。母亲伦道夫夫人、妻子克蒂门蒂娜、秘书埃迪·马什和几个孩子都在门前的台阶上为他送行。老母亲伦道夫夫人抹着眼泪，满脸绝望地望着儿子，她不知道儿子这一去还能不能回到自己的身边。丘吉尔轻轻走上前去，紧紧拥抱着母亲，并安慰母亲说：

"亲爱的母亲，别担心，我会回来的！你知道，我在战场上向来是十分幸运的！"

克蒂门蒂娜走上前去，拉着丈夫，呜咽着说：

"温斯顿，去吧，我会照顾好家里的一切的！"

丘吉尔忠实的秘书埃迪·马什站在台阶上，望着丘吉尔的背影，眼泪止不住流了下来。丘吉尔不知道该怎样安慰他，只是走上前去，用力地握了握他的手，然后扭头钻进了开往码头的汽车里。

几天之后，丘吉尔踏上了开往法国圣·奥莫尔的轮船。他完全失去了以往外出巡视时的派头，挤在一群假满归队的官兵中间，静静地望着波涛汹涌的英吉利海峡。令丘吉尔感动的是：当轮船靠岸后，他发现英国远征军总司令弗伦奇将军已经让司机开着他自己的小汽车在那里等候他了。

丘吉尔随车来到设在布伦迪克城堡的司令部里，与弗伦奇将军一起进餐。后来，丘吉尔回忆这段经历时曾满怀感动地写道：

"我们几乎是单独在一起进餐，并以同等的地位对战争形势作了长谈，仿佛我还是海军大臣。"

弗伦奇将军建议丘吉尔指挥一个旅，丘吉尔准备答应下来。但转念一想，他又拒绝了，因为他还从来没有指挥过任何战斗，哪怕是指挥一个连队。丘吉尔对弗伦奇将军说：

"我希望能到基层见习一段时间，熟悉一下陆军战斗的特点。"

弗伦奇将军略一沉思，微笑着点了点头。就这样，丘吉尔被安排到近卫步兵团的一个营中。任命刚一下达，近卫步兵团的步兵营便沸腾了，士兵们奔走相告：

"前海军大臣丘吉尔到营里来实习了！"

几个年轻军官轻蔑地撇了撇嘴，不屑地说：

"哼，前海军大臣，贵族出身的政客！"

丘吉尔来到营里，官兵们对他都十分冷淡，营长乔治·杰弗里斯中校甚至开门见山地对他说：

"我想我应该告诉你，你到我们这个营来，这件事根本没有同我们商量过。"

丘吉尔知道，官兵们对他的成见主要是因为他的前海军大臣和贵族身份，但丘吉尔并没有摆出"大人物"的架子，他在工作中处处小心谨慎，努力搞好与战友和军官们的关系。他还要求到战壕里去体验普通士兵的作战生活，以便丰富自己的作战经验，尽管这样做是十分艰苦且危险的事情。渐渐地，丘吉尔赢得了士兵们的尊敬，人们对他的看法也发生了根本性的改变。

有一次，团部命令丘吉尔到军部去见军长，汇报作战情况。他在泥泞的小道上步行了5公里，好不容易才来到约定地点，但团部派给他的汽车并没有来。丘吉尔很生气，憋着一肚子的怨气又回到他的掩蔽部。

这时，他才发现这件令人不快的事竟使他逃过了一场灭顶之灾：此时，他的掩蔽部已经被德军炮火完全摧毁了。如果不是因为这件令人不快的差事的话，他可能已经成了德军炮火下的亡魂。想到离开伦敦时对母亲所说的话，丘吉尔喃喃自语道：

"我是多么幸运啊！"

（二）

1915年12月中旬，丘吉尔在近卫步兵团的见习任务结束了。他回到英国远征军的司令部，等待弗伦奇将军给他委派新的任务。

弗伦奇将军本打算派丘吉尔到第十九师担任某旅旅长，但这项任命未等批准就被取消了。弗伦奇在回伦敦时向阿斯奎斯首相汇报工作时，提及了这项任命，阿斯奎斯对弗伦奇将军的做法十分不满，认为丘吉尔不应得到特殊照顾。

不久，道格拉斯·黑格将军取代弗伦奇将军，成为新任英国远征军总司令。黑格的观点和阿斯奎斯首相十分接近，不主张因为丘吉尔前海军大臣的身份就予以特殊照顾。他对身边的参谋人员说：

"在丘吉尔显示出他能以营级指挥官的身份负起指挥战斗的职责之前，不能任命他为旅长。"

就这样，丘吉尔只被任命为皇家苏格兰毛瑟枪团第六营中校营长。皇家苏格兰毛瑟枪团第六营的官兵基本上都来自低地苏格兰，虽然思想单纯，但个个骁勇善战。当时，战事并不紧张，敌我双方都躲在战壕里，用炮火猛轰对方的阵地，但欧洲大陆潮湿阴冷的冬季和肆虐的伤寒却把士兵们折磨得痛不欲生。部队里几乎每天都有因得了伤寒而失去战斗力的士兵，后方医院里几乎每天都有因患了伤寒不治而亡者。伤寒是一种急性传染病，虱子和跳蚤是这种病菌的主要传播途径。

丘吉尔一上任，就把官兵们集合起来。他用大拇指和食指捏着一只虱子，高声喊道：

"嘿，先生们，谁知道这是什么东西？"

大家凑上前去，仔细一瞧，都乐了起来，纷纷说：

"虱子嘛！在前线，这个小东西可不是什么稀奇的玩意，我们每个人身上都有！"

丘吉尔陪着官兵们笑了一阵，然后一本正经地对大家说：

"可是，这个可恶的小东西专门吸我们的血，还传染疾病给我们，我们可不能等闲视之。现在，我发布我的第一条命令：先生们，向虱子开战吧！"

由于长时间呆着战壕里，士兵们身上的衣服满是污垢和受伤时留下的血渍，浑身上下都散发着一股令人呕吐的味道。在丘吉尔的指挥下，士兵们痛痛快快地洗了澡，洗了衣服。丘吉尔还把自己洗澡用的白铁浴盆拿出来与大家共用。

几天之后，第六营的官兵们便面目一新。玛尔巴洛公爵的后代竟然如此平易近人，这让官兵们感到分外亲切，很快便与丘吉尔打成了一片。

丘吉尔十分努力地工作着，每天都要到防线巡视三次。他穿着英国军官的制服，戴着法国军官的钢盔，看上去十分特别。他走到前线，士兵们一眼就能认出他来。他精心地安排兵力部署，要求士兵们加固掩体，以防敌人的炮火袭击。刚毅果决、勇敢机警的丘吉尔经常鼓励士兵们说：

"战争是一种游戏，应当满面笑容地作战。"

在他的鼓舞之下，第六营的士气大振，成了皇家苏格兰毛瑟枪团最富战斗力的部队。

自从丘吉尔来到法国前线之后，战场上并没有发生重大战斗，这令丘吉尔感到有些失望。他主动请他的老朋友、炮兵师长杜德准将炮击敌人的战壕，打破了战场上的沉寂。结果，德军立即以猛烈的炮火还击。

更多的时候，战场上显得异常安静，士兵们都躲在战壕里，静静地抽烟、擦枪或目不转睛地注视着对面的阵地。丘吉尔也不得不靠阅读随身携带的袖珍本莎士比亚作品和亲友的来信打发寂寞的时光。

英国政坛的要员们经常到前线巡视。作为曾经的海军大臣，丘吉尔也得到了他们的特别关照。西利将军等人每次到前线巡视时，总免不了要去看望一下丘吉尔。看着丘吉尔穿着笔挺的中校制服，西利将军半开玩笑地对他说：

"嘿，温斯顿，看来你过得不错嘛！"

看着西利将军身上干净的将军制服和锃亮的皮鞋，丘吉尔一边拉着西利将军，一边说：

"老朋友，去参观一下我们的战壕吧！"

丘吉尔拉着西利将军，在满是泥泞的战壕里爬来爬去，不一会儿就把将军那身名贵的制服弄得满是泥污。每当这时，丘吉尔和全体官兵们就会被逗得哈哈大笑。

（三）

1916年3月初，下议院召开会议，讨论当年度的海军预算问题。作为下议院议员，丘吉尔请了一个星期的假返回伦敦。在会议上发言时，丘吉尔力主制订一项更大的造舰计划，以确保英国海军对德国的优势。同时，丘吉尔还指出，他希望内阁能够重新任命费希尔元帅为海军部第一海务大臣。

丘吉尔的发言刚刚结束，议员们便发出一片嘘声，纷纷低声议论道：

"这个滑头又在玩弄什么政治伎俩啊！"

费希尔与丘吉尔不和是众多周知的事情，因此，他乍一提出让费希尔复职，人们难免会认为他是为了重返政界才提出这种妥协方案的。实际上，丘吉尔确实认为海军部需要像费希尔这样有能力、有魄力的军官。

只不过，由于远离政治中心，消息不灵，他错误地判断了伦敦的政治形势。此时的内阁正处于非常严重的困难之中，内阁成员在政策上存在较大分歧，劳合·乔治甚至决意辞职，准备加入反对派的行列。如果劳合·乔治加入到反对派行列中去的话，自由党就失去两员大将——另外一位是已经离开内阁的丘吉尔。

这让丘吉尔很寒心。他隐隐感到，自己必须重返伦敦，早日回到政治生活的中心地带去。他的一些朋友，甚至连与他一向不和的费希尔也敦促丘吉尔早日离开军队，回到伦敦来。

几天之后，丘吉尔怀着一种非常复杂的心情回到法国前线。经过深思熟虑，丘吉尔决定离开军队，重返政坛。对他来说，在政坛上所发挥的作用要远比在军队中指挥一个营大得多。

不过，他的内心里仍在挣扎着。他在给一位朋友的信中：

"战争形势愈趋严重，我内心深感要用我的知识和力量弥补时间，加之改弦更张绝非容易，又得顾及我所向往的事业。在这种左右为难的情况下，异乎寻常的犹豫不决是不言而喻的。"

4月中旬，一件突发事件促使丘吉尔终于作出抉择。由于部队战斗减员很大，各部队都出现了缺编的情况。为加强战斗力，英国远征军决定将第六营并入皇家苏格兰毛瑟枪团第七营，由资深军官第七营营长出任合并后的新营长。丘吉尔没有离开自己的营，但他的营离开了他。这样一来，丘吉尔就可以合乎情理地退伍回国了。

在返回伦敦之前，丘吉尔借了一辆汽车，几乎跑遍了英国远征军所有的部队，以便把他手下的军官安排到合适的岗位上，由此可以看出丘吉尔对下属的关心。也正因为如此，当他离开时，他的下属们都恋恋不舍。他的副官吉布上尉惋惜地说：

"我坚信，再也不会有比他更得人心的军官来指挥部队了。作为一名军人，他工作努力，不屈不挠，坚忍不拔……他热爱军职，时刻把它放在心上。我认为，他称得上是一位非常伟大的军人。"

1916年5月9日，丘吉尔返回伦敦。当天，他就发表了一项声明，说他"获准回来休假"，并打算"继续尽其在议会和政治上的职责"。

三个星期之后，《伦敦公报》宣布，丘吉尔放弃他的中校军衔，这是陆军部批准丘吉尔退伍时的一个附加条件。这意味着：丘吉尔从今之后再也不能到军队中任职了。

读书时，丘吉尔各科成绩都不出色，但却成了一个著作等身的作家。他一生出版了26部共约45卷（本）的专著，而且几乎每部著作都在英国和世界上引起了轰动。1953年，瑞典文学院决定授予丘吉尔诺贝尔文学奖。这是该奖设置以来首次颁发给仍然在职的政治家。

第十章　重返英国政坛

　　成功不是最终的，失败不是致命的，继续下去的勇气才是最重要的。

——丘吉尔

（一）

　　对丘吉尔来说，重返政坛并不是一件容易的事。首先，他必须有一定的经济基础作为保障，因为内阁官员的薪俸根本不够支付庞大的政治活动经费和家庭支出。另外，他还需要重新恢复自己的政治声誉。前一件事情倒是比较容易解决，丘吉尔那数量可观的稿费足以应付经济需要，但后一件事就不那么容易了。

　　重返伦敦之后，丘吉尔未能立即进入政坛，他只能在下议院的会议上侃侃而谈，在报刊上发表文章，呼吁官方在工业和军队中提高机械化程度，科学地使用人力，以便解决军队和工业争夺人力的矛盾，同时保护"神圣的生命之花"。

　　工作之余，丘吉尔还爱上了绘画。有一天，他看到弟弟杰克的妻子、业余画家琼娜夫人在作画，突然灵感迸发，从她手中接过画笔画了起来。丘吉尔这才发现自己很有绘画方面的天赋，对色彩的感受也十分敏感。于是，他决定发展自己在绘画方面的天赋。

　　起初，丘吉尔只用侄子的画笔和颜料作画，接着他又从画店中购买了全套工具。后来，在著名画家莱弗尼的辅导下，他的进步很大，几乎达到了专业画家的水平。

战后，丘吉尔还在巴黎举行了个人画展，出版了《绘画集》。20世纪最伟大的画家之一毕加索曾评价他说：

"要是他是一个职业画家的话，准可以不愁吃穿！"

在丘吉尔赋闲的这段时间里，前线的战况依然未见好转，阿斯奎斯内阁终于因指挥不力而垮台，主张加强作战力量、夺取战争胜利的劳合·乔治奉命组织新内阁。1916年12月，劳合·乔治主持的战时联合政府成立了。

对丘吉尔来说，劳合·乔治组阁无疑是一个天大的好消息。劳合·乔治与丘吉尔一向是志同道合的好朋友，因此他有心让丘吉尔重新参加政府工作。不过，由于保守党的竭力反对，劳合·乔治一直未能找到让丘吉尔入阁的合适机会。

1917年年初，达达尼尔海峡战役调查委员会先后公布了一些调查结果。调查结果指出，达达尼尔海峡战役的失利应由阿斯奎斯首相和陆军大臣基奇纳负主要责任。丘吉尔虽然也犯了错误，但却不是整件事情的罪魁祸首。

达达尼尔海峡战役失利的真相大白后，丘吉尔的名誉也在一定程度上得到了恢复，这为他重返政坛打下了良好的基础。

1917年7月，劳合·乔治首相巧妙地帮助了丘吉尔，让他担任军需大臣。尽管丘吉尔重新进入政府，但却招致诸多的反对之声。《晨邮报》的评论尖刻地嘲讽道：

"尽管我们还未发明永不沉没的舰船，但我们却已经发现有不会倒台的政治家……我们可以满有把握地预料，他会继续铸成有损于国家的大错。"

陆军大臣德比勋爵马上以辞职相要挟，保守党议员们更是组成了近40人的代表团向该党领袖博纳·劳提出抗议，质问他为什么向"这个冷酷无情、从来不留余地地向保守党开火的叛徒"加入政府？

劳合·乔治和丘吉尔最终顶住了压力，并在一定程度上化解了丘吉尔与保守党之间因政见而引起的不和，丘吉尔也在军需大臣的位子上坐稳了。军需大臣是1915年才设立的新职务，并不属于内阁大臣之列，无权参与重大问题的决策。不过，丘吉尔并没有太多的抱怨。对他来说，能够重新加入战争领导者的行列中已经是一件不容易的事了。他决心接受以往的教训，脚踏实地地做实事，以行动说话。他在谈到自己的新使命时说：

"既然没有让我提议案，我就抓紧制造武器的工作。"

在短暂的时间内，丘吉尔似乎完全变了一个人。他再也不是那个动辄拍桌子瞪眼睛公开挑战的雄狮了，他学会了韬光养晦，学会了如何用强有力的沉默来表达自己的政见。他的变化太大了，甚至连《泰晤士报》一位记者采访丘吉尔时都惊讶地说：

"我从未见过，哪一个人能在如此短暂的时刻里完全变成一个崭新的人。"

（二）

军需大臣虽然不属于内阁大臣之列，但权力却很大，整个远征军的后勤供应都归军需部管辖。但军需部1200人庞大的人员队伍却缺乏健全的管理制度，工作效率也十分低下。丘吉尔敏锐地意识到，这种管理方式是无法有力地配合前线战事的。因此，他上任伊始就展开了大刀阔斧的改革，建立了一套行之有效的管理制度。在理顺内部管理系统的同时，他还紧张地奔波于各个兵工厂，督促工人把大炮、枪支、子弹、坦克、飞机源源不断地制造出来，以备前线需要。

1918年3月以后，由于前线战事吃紧，武器装备的损耗很大，丘吉尔加快了军需生产的速度，他甚至要求250万工人在必要时放弃复活节的休假。他还不断飞往法国战场，为了更快地向英国作战部队和盟军及时提供军需品，他在法国设立了英国军需部的分部。他常常飞到英国远征军指挥部去，同将军们讨论战略和军需供应问题，了解和满足前线将士对军需品的需要，及时对军需品的品种和结构进行更合理的调整。

在军需部工作期间，丘吉尔仍然一如既往地注重科学技术对增强军队战斗能力的关键作用。他主张尽可能地用最科学的战争武器来装备英国军队，比如用飞机、坦克、机枪，甚至毒气。早在担任海军大臣时，他就曾动用海军经费改进和大量建造被称为"陆地行舟"的履带式战车。这种由轮式装甲汽车发展起来的新型武器装备，后来演变成威力巨大的现代坦克。在坦克发展史上，丘吉尔作出了重要的贡献。有一些关键性的技术改进，比如由轮式改为履带链轨，就是丘吉尔在听取了军事专家的建议后实施的。

第一次世界大战期间，英国远征军率先在战场上使用了坦克。结果表明，坦克不仅能碾倒铁丝网、跨越战壕，还能以强大的火力压制对方而不怕对方的射击，战果十分显著。因此，丘吉尔建议扩大坦克生产和组建坦克部队。

1918年3月5日，丘吉尔在一份报告中提出：

"为了在1919年对敌人进行打击，我们应该创建一支坦克军队。这支部队在其构成和作战方法上，都应与双方所使用的任何一支部队根本不同。"

后来，战时内阁批准了丘吉尔提出的在1919年4月之前制造4000辆坦克的建议。此后，一些文艺作品中甚至将丘吉尔称为"坦克之父"。虽然坦克并不是哪一个人发明的，但丘吉尔在坦克发展史上所作的贡献却是十分巨大的。战后，为弄清坦克发明权而成立的皇家委员会撰写报告指出：

"委员会愿意首先指出，由于丘吉尔的敏锐、勇敢和坚决……用坦克这种武器作战的设想才得以实现。"

在忙活自己本职工作的同时，丘吉尔依然像往常一样，改不了爱管"闲事"的习惯。他设计了诸多夺取主动权和打赢战争的大胆战略方案，源源不断地送交到劳合·乔治首相的办公室。劳合·乔治也乐意与这位足智多谋、刚毅果断的军需大臣就一些重大问题进行非正式的磋商。劳合·乔治甚至派他为私人代表，前往法国求见法国总理克列孟梭，敦促法军发起反攻，以减轻英军的压力。

丘吉尔受到了克列孟梭总理的热情接待，76岁高龄的克列孟梭还邀请他一起去前线巡视。中途，他们遭受了德军猛烈炮火的袭击，丘吉尔埋怨说：

"阁下不应冒着生命危险到前线来。"

克列孟梭总理笑了笑，奔放地回答说：

"这是我特殊的乐趣。"

与法国总理的这次见面让丘吉尔消除了对战争形势的忧虑。他敏锐地意识到，在英、法等国军队的合力打击之下，德国人已经猖狂不了多长时间了。

果然不出他所料，战争持续到1918年7月时，德军已成强弩之末，从此一蹶不振。

9月末，德军统帅部建议德皇威廉二世更换政府。德国新政府成立后，立即以美国总统威尔逊提出的"十四点"为基础，试图达成一项和平解决第一次世界大战的办法。丘吉尔知道，德国人再也坚持不下去了。不过，为了"确保敌人即使形势有利也不能继续战斗下去"，他依然没有放松军需生产工作。

在英国政府举行的讨论停战问题的会议上，大臣们提出：

"考虑到协约国方面目前已确实占有战略上的优势，停战条款必须严厉。"

丘吉尔同意这一观点。不过，丘吉尔也敏锐地意识到，这样做可能会激起德国人的复仇情绪。因此，他后来在曼彻斯特的演讲中指出：

"我们并不要求德国无条件投降。对任何一个国家，亦即对人类大家庭中任何一个伟大的分支，都无权进行掠夺，而理应保证它在未来世界中的地位。因此，我们并不图谋去毁灭德国。"

（三）

1918年11月11日上午11点，德国与协约国签订了《贡比涅森林停战协定》，宣布投降。历时4年零3个月的第一次世界大战终于以协约国的胜利宣告结束。

胜利的消息传到伦敦后，丘吉尔立即带着怀有身孕的妻子克莱门蒂娜一起乘汽车前往唐宁街10号，向首相劳合·乔治表示祝贺。欢呼胜利的人群蜂拥而来，聚集在白厅前的广场上举行庆祝活动。这一场面令丘吉尔想起了1914年8月4日深夜经过这里去向阿斯奎斯首相通报战况时的情景，他不禁感慨万分。

后来，他曾不无感慨地说：

"当我听到英勇的人们欢呼时，想起他们肩负这样的重担，贡献所有的一切，从不动摇，对祖国及其前途从不失去信心；在表达他们情感的时刻到来时，对他们犯有过错的仆人宽宏大度，我内心的感情实非言词所能形容。"

战争的胜利让劳合·乔治也十分高兴。不过，随着议会任期届满，他所考虑的是如何利用战争胜利给他的政府及他本人带来的崇高声望在未来的大选中获胜，并组成一个向和平时期过渡的新政府。

战后的第一次全国大选呈现出前所未有的复杂局面。根据当年通过的《公民权利法案》，21岁到30岁的女性首次获得选举权。这就意味着：英国的女性在政坛上所发挥的作用将越来越大。

此外，为了应对支持阿斯奎斯的工党和部分自由党人的联合，战时联合政府的保守党人同拥护劳合·乔治的自由党人也结成了联合派。保守党与自由党联合，这在英国历史上是不多见的奇怪场面。

1919年1月的选举结果表明，联合派获胜了，但联合派中的保守党人却远远多于自由党人。在保守党人的支持下，劳合·乔治组织了新政府，丘吉尔则被任命为陆军大臣兼空军大臣。对丘吉尔来说，担任陆军大臣和空军大臣双重职务是向前跨越了一大步。如此一来，他就了解了海军、陆军和空军各军种的情况，这对他日后担任首相，领导英国人民取得第二次世界大战的胜利奠定了良好的基础。

登上陆军大臣和空军大臣的宝座之后，好斗的丘吉尔立即将矛头指向刚刚成立不久的苏维埃俄国。在第一次世界大战末期，俄罗斯人民在伟大领袖列宁的领导下掀起了轰轰烈烈的十月革命，建立了世界上第一个社会主义国家。他感到，"其他敌人依然存在，在胜利者中间，有一股阻碍公正解决世界问题的新生力量，正在争权夺利"。出身贵族的丘吉尔对共产主义抱有强烈的偏见。

11月初，他在丹迪发表竞选演说时，对苏维埃政权大加污蔑，说布尔什维克是"残暴的大猩猩"，"很快就会把俄国拖回到动物形态的野蛮时期"，"共产主义理论……就是倒退到中世纪"。

为了对付新生的苏维埃俄国，丘吉尔处心积虑地使用各种手段，企图说服劳合·乔治扶植德国，遏制世界上第一个社会主义国家的发展。不过，丘吉尔的如意算盘落空了。德国在战后爆发了大规模的工人和士兵起义，建立了奉行中间路线的魏玛共和国，根本不愿插手干涉苏维埃俄国的事务。

此后，丘吉尔又极力促使英国和协约国支持俄国白军和红军作战，并直接进行武装干涉。丘吉尔甚至叫嚣，如果俄国败军将领邓尼金占领莫斯科，他打算去那里"帮助邓尼金制定俄国新宪法"。在诸如丘吉尔这样的英国贵族的鼓吹下，英国先后向白军输送了数百万英镑的军火和装备。

丘吉尔反对共产主义的倾向在国内遭到了普遍的反对，工党领袖麦克唐纳就曾讽刺丘吉尔说：

"就算丘吉尔先生是个权力无限的帝王，也不该如此慷慨地挥霍国家的财产和人们的生命！"

不过，英国等帝国主义国家的干涉没能将俄国的苏维埃政权扼杀在摇篮里，因为它得到了俄国人民的广泛支持。

第十一章　年轻的财政大臣

　　　　一个人能够面对多少人讲话，他的成就就有多大。

——丘吉尔

（一）

　　1921年2月，丘吉尔带着埃迪·马什等人转任殖民地事务大臣，但同时仍兼任空军大臣。劳合·乔治做出这样的决策主要是看中丘吉尔的铁腕政策。

　　当时，英国殖民地的民族独立运动正在风起云涌地进行着，中东地区人民反对英国殖民统治的斗争尤其激烈。因此，英国统治集团需要一个铁腕人物来对付殖民地的民族独立运动。恰在此时，年迈的殖民大臣米尔纳决定退休，劳合·乔治便要求丘吉尔接任这一职务，希望利用他的才干能够一劳永逸地解决大英帝国面临的殖民地难题。

　　就任新职后，丘吉尔立即施展手腕，解决中东问题。随后，丘吉尔被解除空军大臣职务，以便他能够集中精力做好殖民地工作，尤其是解决爱尔兰方面的事务。自第一次世界大战后期开始，爱尔兰新芬党人就领导共和军进行了反对英国统治的武装斗争，英军再次陷入旷日持久的战争当中。英国政府此时已经无力承担巨大的军费开支了，便决定用谈判的方式来解决爱尔兰问题。

　　作为殖民地大臣和谈判高手，丘吉尔被劳合·乔治首相派往爱尔兰与新芬党人展开谈判。旷日持久的谈判开始了。有一次，丘吉尔在家中与爱尔兰代表克林斯举行会谈，两人谈着谈着竟然吵了起来。克林斯猛地站起来，大声说：

"你们日夜追捕我，还公布了我脑袋的价钱！"

丘吉尔慢慢站起来，踱步走到墙角，从墙上取下镶在镜框中的一张布告，那是当年布尔人通缉他的布告。他瞅了瞅布告，又瞅了瞅克林斯，以幽默的口吻说道：

"不只是您一个人碰到这种事。但是，给您出的是一个好价钱——5000英镑！瞧，我才值多少钱？死的活的都是25英镑！这不令您感到骄傲和愉快吗？"

丘吉尔强有力的反驳令对方哑口无言。经过旷日持久的谈判，双方最终达成一份协议：英国政府允许爱尔兰南部26个郡建立在大英帝国内部实行自治的"自由邦"，北部6个郡仍归英国统治。

但是，这一带有折中性质的协议激化了英、爱双方的内部矛盾。爱尔兰的激进派认为谈判没有达到民族彻底独立的愿望，因此，他们一方面发动内战进攻拥护谈判协议的一派，一方面开展恐怖主义活动，袭击和暗杀英方军政要人，宣布建立爱尔兰共和国。在丘吉尔的支持下，克林斯借助英军大炮才击败了极端分子，保全了爱尔兰临时政府的权威性。

英国保守党则对丘吉尔发起了攻击，他们斥责以劳合·乔治、丘吉尔等为首的联合派对爱尔兰人作了太多的让步，并且以此为借口攻击战时组建的联合内阁，要求恢复战前的一党执政。

恰在此时，英国与土耳其的关系也骤然紧张起来。丘吉尔受命撰写一份措辞激烈的公报，并在各自治领总理未接到公报之前就向媒体公布了。结果，英国与土耳其再一次爆发军事冲突。虽然双方很快就签订了停战协定，但联合政府的强硬战争政策还是招致保守党人的攻击。保守党人宣布，已经没有必要再同自由党人实行联合了。

1922年10月19日，劳合·乔治内阁终因对待苏维埃俄国问题、爱尔兰问题、土耳其问题的态度和方式而垮台。联合政府垮台了，丘吉尔也理所当然地失去了殖民地大臣的职务。

（二）

联合内阁解散后，保守党领袖博纳·劳一上台就宣布解散议会，举行大选。此时丘吉尔正患急性阑尾炎住进医院动手术，未能参加前期的竞选活动。妻子克蒂门蒂娜在关键时刻挺身而出，抱着刚刚出生不久的女儿来到丹迪市代表丈夫发表竞选演说。

当地的工人早就丘吉尔对共产主义的态度和处理殖民地问题上的方法感到不满了，因此，克蒂门蒂娜的演说常常被工人们的喊叫声打断，她根本没有办法说清楚丈夫的政见。

最后，丘吉尔不得不拖着虚弱的病躯，脸色苍白地来到丹迪市，亲自发表竞选演说。他的演说同样不成功，拥护工党的工人们差一点就要冲上台去打他。丘吉尔曾写道：

"如果不是我处于病后软弱无力状态，我相信，他们是会把我打死的，我可能连眨眨眼睛的机会都没有。"

大选结果表明，自由党已经失去民心，保守党和该党的博纳·劳获得了民众的拥护。丘吉尔落选了，一下子跌入人生的低谷之中。他只好拿起手中的笔，用写作和绘画来打法无聊的时光。

历史的发展有时候会让所有人都大吃一惊。正当丘吉尔默默无闻地与家人共享天伦之时，英国政坛再一次爆发地震。博纳·劳仅仅当了7个月的首相就因喉癌于1923年5月辞职了，保守党人斯坦利·鲍尔温继任首相。鲍尔温上台之后，立即又解散了议会，并宣布于1923年12月举行大选。

　　丘吉尔再一次回到政治舞台上。不过，这时他已经清楚地意识到：自由党已成为一条正在下沉的大船，唯有登上保守党这条正在乘风破浪的新船，他才有施展自己才华的机会。因此，他决心在竞选演说中发表支持保守党的言论。

　　在竞选中，丘吉尔一手高举自由贸易的大旗，一手高举反对社会主义的大旗，向工党发起了攻击。这一次，丘吉尔上错船了，因为工党已经成长为可以和保守党对抗的第二大政治力量。因此，他的反苏反社会主义的言论遭到了工党的强烈反对，丘吉尔再一次落选了。

　　丘吉尔生怕自由党支持工党上台，在英国实行社会主义政策，因此急忙劝说自由党领袖阿斯奎斯同保守党合作，结成反社会主义联盟。然而阿斯奎斯却认为：可以让工党试一试，如果工党政府违反资产阶级根本利益，那时撤回自由党的支持，它就会因议席不够而垮台。在自由党的支持下，工党领袖拉姆齐·麦克唐纳于1924年1月组织了英国历史上第一个工党政府。

　　1924年3月，伦敦威斯敏斯特教堂选区有个刚当选不久的保守党议员去世，需要进行补缺选举，丘吉尔决心在无任何党派组织支持的情况下参加的这次补缺选举。

　　消息传出去后，丘吉尔一下子又成为新闻界讨论的焦点。在英国政治史上，以个人身份参加竞选的例子并不是很多。人们都想看一看，丘吉尔的个人魅力到底有多大。

　　丘吉尔在竞选演说中尖锐地指出：

　　"社会主义者的政府做得多么好啊！他们是何等稳健和全面……可是我要说，我们知道这平静的表面，与我们所知道的在下面流动的急流，是完全不相吻合的。"

　　结果，他的这种反社会主义言论遭到了工党的抨击，他也再一次落选。消息传来，丘吉尔伤心极了，"他拖着沉重的脚步在大厅里走来走去，耷拉着脑袋，身体东摇西晃，活像一只陷于绝望状态中的困兽"。

不过，丘吉尔很快就调整好自己的情绪，继续小步慢移地转向保守党。通过一些老朋友的帮忙，丘吉尔应邀出席了保守党在利物浦和爱丁堡等地的集会，发表了令保守党人听来很舒畅的演说。这标志着：时隔多年之后，丘吉尔又悄悄返回到他曾经"背叛"的保守党中来了。

（三）

1924年10月，自由党撤回了对工党政府的争持，麦克唐纳内阁倒台，丘吉尔再一次迎来了参加竞选的机会。这一次，他抓住工党内阁在执政中出现诸如失业率上升等问题，对其进行猛烈的抨击。他在伍德福特发表的演讲中说：

"让英国丢弃社会主义者想方设法披在她身上的那件德国制造和俄国制造的可笑而不体面的破烂伪装和外衣吧，让英国在自己的宝座上再次显示那庄重的神态吧。她决心要牢牢抓住海神三叉戟，在她的盾牌上悬挂的不是可恶的共产主义红旗，而是英国国旗。"

丘吉尔充满感情色彩的演讲抓住了听众的心，人群中不时爆发出热烈的掌声和欢呼声。保守党领袖鲍德温也在这次演说之后给丘吉尔寄去了一封"求爱"信，鲍德温在信中说：

"你对各党派的温和主义者能起到杰出的引导作用……我们热烈欢迎你能在下议院给予帮助，下议院已很久没有领略你从事议会政治的巨大才能了。"

在这次大选中，保守党以绝对多数获得成功，总共获得413个席位，工党仅获得了151个席位，而自由党则彻底失败了，仅仅获得了40个席位。从此之后，自由党在议会中再也起不到什么作用了。这次，丘吉尔因为获得了保守党的支持，终于回到下议院。丘吉尔也正式向外界宣布，在阔别20年之后，他又投入了保守党的怀抱。

英国新闻界对丘吉尔的出尔反尔评论说：

"他换一个党就像换一个舞伴那样轻率，他只忠实于他真正相信的一个党，这个党就是温斯顿·丘吉尔牌号的党。"

丘吉尔机智地反击道：

"并不是因为我改变了自己的立场，而是保守党已经非常英明地回到或正在回到有远见的进步行动纲领上来了。"

1924年11月7日，保守党领袖鲍尔温组建新政府，但给丘吉尔一个什么样的职务却让他颇费脑筋。鲍德温认为，"把丘吉尔放在政府内要比放在外面更容易控制"，但他同时认为这个"反工党分子"不宜担负处理国内事务的职责，想安排他担任印度事务大臣。

然而内阁副秘书汤姆·琼斯却认为性情急躁的丘吉尔不宜担任此职，因为与英国矛盾尖锐的印度需要一位冷静的大臣。如果让丘吉尔担任印度事务大臣的话，他很有可能会因为采取过火的政策而激化矛盾。因此，鲍德温建议让丘吉尔重返海军部或者任卫生大臣。

而张伯伦家族的第三位杰出人物——约瑟夫·张伯伦的儿子、奥斯汀·张伯伦的弟弟内维尔·张伯伦，则担心丘吉尔重返海军部会使形势更加复杂。作为保守党中的第二号人物，内维尔·张伯伦并不想担任财政大臣，而是想到卫生部去任职。因此，他极力推荐丘吉尔出任财政大臣。鲍德温在无奈之下，也只好接受内维尔·张伯伦的建议。

下定决心之后，鲍德温立即召见丘吉尔。鲍德温开门见山地问：

"温斯顿，你是否想当大臣？"

鲍德温说大臣时使用了专指"不管"部大臣和财政大臣的"chancelor"一词，而不是泛指一般大臣的"minister"。"不管"部大臣虽然没有什么权力，但地位却相当尊崇，在正式场合被称为兰开斯特公爵郡大臣。

丘吉尔没想到鲍德温首相会让自己担任地位仅次于首相的财政大臣，便问道：

"是公爵领地大臣吗？"

鲍德温摇了摇头，回答说：

"不，是财政大臣。"

丘吉尔惊讶地看着鲍德温，随即眼泪突然夺眶而出。他的父亲伦道夫勋爵曾担任过5个月的财政大臣，他本人也把此职位作为一生的奋斗目标。不过，由于政治上的升沉起伏，他刚刚从失败的困境中挣扎出来，根本没想过能够担任如此重要的职位。现在，刚走出困境的丘吉尔就能一跃成为仅次于首相的国家最高领导人之一，这怎能不令他激动万分呢？

半晌，丘吉尔才喃喃地对鲍尔温首相说：

"您为我做的事情，比劳合·乔治所做的还要多。"

几天之后，丘吉尔穿上父亲当年穿过的财政大臣制服走马上任了，伦道夫夫人将这套制服用薄纱和樟脑精心地保存了30多年。

（四）

丘吉尔虽然阴差阳错地当上了财政大臣，可他对财政问题却一窍不通，再加上他自小就对数字不感兴趣，因此突然感到一种前所未有的压力。好在丘吉尔是一个知人善任之人，他立即扩大了自己的秘书班子，请了5个专职秘书，还加强了财政部的顾问班底。

丘吉尔在财政大臣的位子上一干就是5年。在众多杰出人物的辅佐下，丘吉尔在担任财政大臣期间总算没有出过什么差错，但也没有取得什么明显的成就。

在一个政治体制成熟的国度，一个政治家如果没有取得成就，那就等于是向民众宣布了自己的失败。更何况，20世纪20年代末的世界经济环境十分恶劣。1929年，正当丘吉尔任期届满时，一场席卷整个资本主义世界的经济危机爆发了。由于丘吉尔在任期内削弱了国库，致使英国政府应对经济危机的能力遭遇前所未有的挑战，这也使丘吉尔在民众和政府中的威信扫地。鲍尔温首相打定主意，如果他还有机会组织新政府的话，决不会再把丘吉尔延揽进去。

1929年的大选对保守党十分不利。在世界性经济危机的影响下，英国的工人运动持续高涨，失业率也居高不下。作为执政党，保守党根本拿不出什么像样的解决方案，这就致使民众对政府失去了信心。在大环境不利于保守党的情况下，丘吉尔更是感到了前所未有的压力。

在竞选中，丘吉尔出动了所有能够出动的力量。他的妻子克蒂门蒂娜出面主持妇女集会，刚18岁的儿子伦道夫则发表简短的演说，长女黛安娜也在社交界广泛活动，积极帮助丘吉尔竞选。

但竞选结果表明，丘吉尔和他的保守党已经无可挽回地失败了。虽然丘吉尔当选为议员，但他的票数并不占优势。

保守党败得更惨。代表工人利益的工党在竞选中获得了288个席位，一跃成为第一大党，而保守党则失去了组阁的机会。

6月3日，鲍德温决定辞职，工党领袖拉姆齐·麦克唐纳受英王召见，奉命组阁。作为保守党员的丘吉尔随即在巴克俱乐部举行了"一次非常愉快的告别宴会"，与他的高级财政顾问们告别。丘吉尔怎么也没有想到，他这次离开政坛一去就是十年。

辞去财政大臣之时，丘吉尔已经55岁了，头顶的头发脱落了一大片，体重也越来越难控制。不过，丘吉尔并没有丧失斗志。他暗暗发誓，只要他的身体还硬朗，他就要继续战斗下去，争取早日返回政坛。

但命运似乎跟他开了一个玩笑，他越是努力，离政坛就越远。1935年，鲍德温再次组阁之时，他实现了自己的诺言——把丘吉尔排除在内阁之外，丘吉尔只好继续默默地等待时机。

在那十年安静的时光里，丘吉尔和家人快乐地生活在一起。闲暇时间，他的消遣方式有很多。他写作、绘画、打马球、打高尔夫球、打猎、游泳，还亲手建造房子，甚至还在后花园里养了猪。据说，他养的猪长得特别大、特别肥，多次在农业展览会上展出，还获得了金奖。

丘吉尔还十分热爱旅游。过去，由于工作繁忙，他只能在每年夏天或冬天的时候带着家人在地中海周围的欧、亚、非洲各国旅行，很少远涉重洋到北美去。现在，他有了充足的时间，可以带着儿子伦道夫去见识一下加拿大和美国那辽阔的自然之美了。

1931年12月，丘吉尔的美国之行还遭遇了一次交通意外。到达纽约不久，丘吉尔打算去看望一下当地的一位老朋友。在出门时，他对妻子说：

"亲爱的，我出去一下，去看看我的老朋友。"

克蒂门蒂娜关切地说：

"我给你叫一辆出租车吧！"

丘吉尔回答说：

"不必了！天气这么好，我正好可以散散步。"

说着，丘吉尔拿起手杖和帽子就走出了旅馆。心情愉快的丘吉尔浑然不觉，他已经违反了美国的交通规则。在英国，车辆是靠左行驶的，但在美国却是靠右行驶的。当他横穿马路时，一辆飞驰而来的卡车把他撞倒在地。好在货车司机及时刹住了车，否则后果不堪设想。尽管如此，丘吉尔的腿部和手臂都受了重伤，前额和鼻子也被擦破了。

货车司机立即把丘吉尔送进医院。英国前财政大臣在美国遭遇车祸，美国新闻界的记者们闻讯后立即竞相到医院去采访丘吉尔。他们既想弄清楚丘吉尔的伤势，也想知道丘吉尔对这起交通事故的态度。

丘吉尔并没有将责任推到司机的头上，他坦然向警察承认，是因为自己不熟悉交通规则才造成这出悲剧，并不是司机的过错。他还跟那位货车司机合影留念。

对这次意外，丘吉尔表现得非常镇静，他写道：

"大自然仁慈宽厚，不想让她的孩子，人或兽，越出她的怀抱。"

丘吉尔哪有这么多钱过如此优哉的生活呢？事实上，丘吉尔从未为他的经济问题操过心，因为他的稿费和演讲收入足以让全家人过上奢华的生活。在野期间，他不但在世界各地发表演说，赚取演讲费，还接连出版了《世界危机》的第三卷和第四卷、《我的早年生涯》、《遨游世界》、《东方战线》、《印度》、《玛尔巴洛传：他的生平和时代》、《英语民族史》等书籍。仅《世界危机》在杂志上的连载权，就让丘吉尔获得了高达200万美元的收入，难怪《星期日泰晤士报》说：

"20世纪很少有人比丘吉尔拿的稿费多。"

丘吉尔性情严厉，但也不乏儿童式的天真。他生前酷爱养宠物，其中最令他爱不释手的是一只名叫查理的雌性金刚鹦鹉。鹦鹉刚买回来时，丘吉尔总是千方百计地想教会它一些简单的单词，但查理非常懒惰，很久也没学会一句。第二次世界大战爆发后，丘吉尔的家里变成了战时临时指挥部，脾气暴躁的丘吉尔经常对着电话大声咆哮："该死的希特勒！该死的纳粹！"没想到，鹦鹉查理居然学会了这两句骂人的脏话。此后，只要电话铃一响，查理就会用它那尖锐的声音叫道："该死的希特勒！该死的纳粹！"

第十二章　与众不同的声音

妥协的人是在喂一头鲨鱼，希望它最后一个吃掉自己。

——丘吉尔

（一）

丘吉尔赋闲期间，世界的政治、军事形势越来越紧张。1930年3月，德国魏玛共和国的最后一届政府因入阁各党在如何平衡国库亏空问题上产生分歧而垮台。疯狂的野心家、纳粹党领袖希特勒趁机大肆活动，一方面宣称经济危机是"政府无能"，是政府在第一次世界大战后接受《凡尔赛和约》和战争赔款的结果；一方面对各阶层人民不断做出符合其愿望的慷慨许诺，宣称纳粹党不是一个阶级政党，而是"大众党"，并重点向中下层中产阶级发动讨好攻势，以争取他们的支持。

在希特勒的蛊惑下，纳粹党迅速壮大起来。经济危机爆发之前，纳粹党只有10.8万人，到1932年时已经超过了100万。在1932年7月31日举行的国会选举中，纳粹党获得了37.3%的选票，一跃成为德国国会中最大的党派。希特勒趁机施展手段，于1933年1月30日登上德国总理的宝座。魏玛共和国宣告垮台了，德国正式进入希特勒法西斯独裁统治时期，史称德意志第三帝国。

希特勒上台后，大力排挤其他政党，施展手段迫使总统兴登堡解散国会，并指使已经发展到数百万人的冲锋队、党卫队和钢盔团成员组成"辅助警察"，接管各地的警察部门。1933年2月27日，他还一手策划了震惊世界的国会大厦纵火案，并将之嫁祸于德国共产党人，在国内掀起了空前的反共浪潮。

随后，他又在冲锋队和党卫队的参与下，对德国各邦特别是那些不在纳粹党掌握之中的邦进行了自上而下的夺权。从此，各邦的主权被纳入"一体化"，纳粹党一党独裁的统治基础基本确立。疯狂的希特勒鼓吹复仇主义和大德意志民族主义，企图以军事手段称霸世界。战争的阴云迅速笼罩了欧洲的上空。

1935年4月，希特勒正式向全世界宣布，德国将再次实行普遍兵役制，建立一支规模为12个军、36个师约50万人的强大军队。这一惊人的举措宣告德国已经完全废弃《凡尔赛和约》对其所施加的军事限制，德国的扩军备战从偷偷摸摸的地下状态进入堂而皇之的公开阶段。

丘吉尔就像一个天文学家观察星空一样，警觉地看到了在欧洲上空密布的战争阴云。他愤怒地写道：

"我们以吃惊和忧伤的心情看到：残忍的暴力和好战的狂热甚嚣尘上，对少数民族进行残酷无情的虐待，仅以种族为借口而拒绝对文明社会为数众多的个人提供正常的保护。"

丘吉尔通过各种方式频频发出警告，呼吁英国政府警惕纳粹德国的侵略野心。但大多数人仍然沉浸在和平的幻想中，将丘吉尔的警告当成耳旁风。工党和自由党都提倡和平主义，主张裁军，工党议员威尔莫特还曾公开宣称：

"英国人民要求……英国政府立即提出普遍裁军的政策，从而给全世界作出榜样。"

而丘吉尔则因主张加强军备建设被称为"战争贩子"和"恐怖贩子"。丘吉尔在一次演说中忧伤地指出：

"我深恐有一天，不列颠帝国……会落入德国目前的当权者手中。我们将会落到一种可悲的境地，同时也使从事日常工作、爱好和平的广大群众遭受极大的危险。我深怕有那么一天，而且也许为期已不远了……"

尽管丘吉尔的警告不是危言耸听，但鲍德温这个圆滑的政治家为了重新当选首相，并没有重视丘吉尔的警告。因为工党领袖麦克唐纳一直致力于裁军工作，并且获得了民众的广泛支持。鲍德温于1935年6月重新出任首相之后，邀请丘吉尔参加空防研究委员会，但他却对丘吉说：

"我的邀请，并不是想叫你以后不能畅所欲言，而是对老同事的友好表示。"

尽管不能畅所欲言，但丘吉尔依然参与了空防研究委员会的工作。不管如何，在战争即将降临的时刻，每多生产一支步枪，每多建设一处雷达，甚至每多生产一颗子弹，英国的国家安全就多一分保障。

在丘吉尔的努力下，英国很快建成了海岸雷达网，并为海军建设提出了一系列富有建设性的意见。他的这些努力在后来英国反法西斯战争中都起到了十分重要的作用。

（二）

1936年3月7日，希特勒在国会宣布，他准备重新占领莱茵兰地区。随后，一支小规模的德军部象征性地跨过莱茵河上的桥梁，开进了莱茵非军事区。结果，英、法等国对此只是吵吵嚷嚷了一阵子，随即便默认了德军出兵莱茵非军事区的事实。

从此之后，希特勒的行动更加肆无忌惮。对于德国这一公然违反《凡尔赛和约》的行动，英国的一些媒体居然报道说：

"说到底，这不过是德国人回到他们自己的土地上罢了。"

但丘吉尔却看到了问题的严重性，他立即指出：

"侵犯莱茵兰一事之所以具有严重性，是因为荷兰、比利时和法国都因此受到威胁……希特勒已撕毁各种条约，在莱茵兰驻兵，而且准备永久驻下去。所有这些事实表明，在德国国内和所有邻近的国家，纳粹政权获得了新的威望。一旦这些防御工事完成，随着工程日趋完备，中欧的整个形势也就跟着发生变化……波罗的海各国，波兰、捷克斯洛伐克，还必须加上南斯拉夫、罗马尼亚、奥地利和其他一些国家，在这个巨大的军事建筑工程完工时，一定会受到决定性的影响。"

此时，鲍德温首相也感受到了来自德国的威胁，他决定在政府中成立一个协调各军事部门的新机构——国防协调部。可是，由谁来担任国防协调大臣呢？

内维尔·张伯伦认为丘吉尔比较合适，丘吉尔对这一职位也抱有希望，但鲍德温坚定自己的意志，决心在他担任首相期间决不让丘吉尔握有实权。

最终，鲍德温首相任命了已年近60岁、且对高级军事管理工作缺乏经验的托马斯·英斯基普爵士担任国防协调大臣。

这对丘吉尔不能不说是一次沉重的打击。不过，在政坛摸爬滚打30多年的丘吉尔已经学会了如何控制自己的情绪。他清楚地看出了鲍德温的用心，因此决定平心静气地等待时机。但无论如何，他都要喊出自己的声音，让英国人从和平的迷梦中醒来。

1936年6月6日，丘吉尔以私人身份替国防协调大臣英斯基普爵士写了一个备忘录，主张重新成立军需部，以保证战备物资的生产和供应，但政府却始终没有采取什么有效的行动。

看着政府在和平的迷梦中久久不愿醒来，丘吉尔伤心极了。他在下议院的演说中严厉地抨击了鲍德温政策：

"政府根本没有下决心，或者他们根本不能使首相下决心……我们就这样月复一月，年复一年——这些对英国的伟大也许至关重要的宝贵光阴都让蝗虫吃掉了！"

　　在不停顿地发表演说，警告国人来自德国的威胁越来越近的同时，丘吉尔还不断敦促英国与法国进一步加强合作，以应付随时可能发生的战争。丘吉尔在《每日电讯报》上发表文章说：

　　"如果法国垮掉了，那么一切都会垮掉。纳粹对欧洲的支配，以及潜在的对世界很大部分的支配，都将是难以避免的了……我们站在一起，给我们找麻烦就很危险，摧垮我们就很困难。"

　　不巧的是，英国政坛此时再次爆发地震。1936年1月，英王乔治五世逝世，其子爱德华继位为新的国王，称爱德华八世。但爱德华八世风流成性，不爱江山爱美人，他坚持要和一位来自美国的寡妇——辛普森夫人结婚。尽管这是爱德华八世的个人选择，但对王室来说，这简直就是一件丑闻。

　　1936年11月16日，爱德华八世召见鲍德温首相，正式向他表达了自己想和辛普森夫人结婚的想法。鲍德温首相对爱德华八世说：

　　"陛下，您的想法在精神上是不可被接受的。作为英国国教会的领袖，离婚和再婚都是不被国教教义接受的。此外，大英帝国的臣民也不能接受辛普森夫人为王后。"

　　为了缓和国王与国会之间的关系，爱德华八世提出了一个结婚方案，那就是辛普森夫人在婚后不拥有王后头衔，她所生的孩子也不能继承王位，但这个方案依然被国会拒绝了。根据1931年制定的威斯敏斯特法案，英国国王头衔和王位继承问题的变动必须经过英联邦各自治领政府的批准。当爱德华八世向英联邦各自治政府征求意见时，澳大利亚、加拿大和南非政府正式宣布反对国王迎娶离婚女子，爱尔兰政府表示不关心，新西兰政府则犹豫不定。

　　爱德华八世无奈地向鲍德温首相说：

　　"如果不能迎娶辛普森夫人，我宁愿退位。"

　　爱德华八世非常清楚，摆在他面前的道路只有这一条了。如果他保留王位，同时迎娶辛普森夫人的话，一定会引发宪政危机。因为在君主立宪政体下，国王必须保持政治中立的基本宪法方针。结果，爱德华八世成为英国和英联邦历史上唯一一位自动退位的国王。

国王逊位对英国政坛的冲击很大，官员们都借机改善自己的地位。丘吉尔的一位密友比弗布鲁克就想借助国王逊位把鲍德温拉下首相的宝座，让丘吉尔取而代之。不过，鲍德温首相的手腕很巧妙，他非常平稳地实现了新老国王之间的权力交接。随后，爱德华八世的弟弟约克公爵于1937年5月12日加冕为新的英国国王，称乔治六世。

（三）

乔治六世登基之后，善于明哲保身的鲍德温首相便在"公众的感激和尊敬的热烈气氛中"引退了，保守党领袖、前财政大臣内维尔·张伯伦奉命组阁。

张伯伦不但容不得性格刚毅的丘吉尔，而且很快就与外交大臣艾登产生了尖锐的矛盾。艾登主张对德国采取强硬措施，以避免形势进一步恶化，但张伯伦却于1937年7月以个人名义写信给希特勒的盟友、意大利的独裁者墨索里尼，希望能够改善英意关系，并表示可以承认意大利在埃塞俄比亚的地位。

艾登认为张伯伦首相的做法太不明智，随后，他便因与张伯伦的政见不合而提出辞职。丘吉尔在外交政策方面的观点与艾登是一致的，消息传来后，丘吉尔很是黯然神伤了一段日子。在那些天里，他整夜整夜地睡不着，被痛苦的失眠折磨着。他认为艾登"代表了英国民族的全部希望"，而今这"唯一的希望"也被迫下台了。

丘吉尔对张伯伦的评价很高，但他绝不敢苟同张伯伦的和平主义思想。他曾说：

"（张伯伦是）一个极其精明能干、固执而自信的人。他和鲍德温不同，他认为他对于欧洲整个局势，甚至对整个世界都了如指掌……他不论任财政大臣还是任首相，都严格控制着军事开支。在他的任期内，他是一切紧急措施最有力的反对者。他对当代国内外所有的政界人物都有明确的判断，他认为他完全能够对付他们。他脑子里充满着这样的希望：他要作为一个伟大的和平缔造者而永垂史册。可惜的是，他卷入了其力量绝非他所能估量的洪流之中，遇到了他毫不退缩但又无法抗衡的旋风。"

出于对英国未来的考虑，丘吉尔走上了反对政府的道路。而此时，希特勒也加紧了侵略的步伐。1938年3月11日，德军越过边界迅速占领了奥地利全境，打开了通向捷克斯洛伐克的门户。根据《凡尔赛和约》的规定，德国永远不得与同以德意志民族为主体的奥地利合并，但希特勒根本没有把《凡尔赛和约》放在眼里。

尽管如此，幻想着永垂史册的张伯伦仍然不愿意放弃对希特勒的幻想。此时，他面对的最棘手的问题便是如何避免德国吞并捷克斯洛伐克。

捷克斯洛伐克是在第一次世界大战后根据《凡尔赛和约》取得独立地位的新国家。这个国家有1400万人口，其中有350万人属于德意志民族，捷克斯洛伐克的德意志人主要居住在西部与德国接壤的边界山区——苏台德区。德国并吞奥地利时，希特勒一再扬言希望改善德、捷关系，但在暗地里却为侵略该国做着准备。

开始时，希特勒并不直接出面，而是唆使他在这个国家的代理人、苏台德区日耳曼人党头目康拉德·汉莱因出面闹事。日耳曼人党实际上是德国纳粹党在捷克斯洛伐克境内的"第五纵队"，汉莱因更是希特勒的忠实走狗，完全按柏林的指示行事。希特勒企图制造一种德意志人在捷克斯洛伐克遭遇困境的假象，借以迷惑友邦，掩饰他侵占捷克斯洛伐克的真实意图。

不幸的是，英国首相张伯伦与法国总理达拉第都没有意识到希特勒的真实意图；再加上他们害怕战争以及战后可能爆发的社会主义革命，对制裁德国一事讳莫如深，竟然默认了希特勒提出的"捷克斯洛伐克的德意志人自治"的要求。

9月29日，企图通过外交手段保证欧洲和平的张伯伦与法国总理达拉第、意大利领袖墨索里尼和德国元首希特勒在德国的慕尼黑召开了臭名昭著的"慕尼黑会议"，出卖了捷克斯洛伐克的主权。

9月30日凌晨2点，欧洲"四巨头"在出卖捷克斯洛伐克的文件上签了字。文件规定：苏台德区捷克人从10月1日起分5批撤退，在10天内完成，最后的边界由一个国际委员会来决定。

在敌人和"盟友"的共同压力下，捷克斯洛伐克政府被迫向慕尼黑协议屈服了。捷克斯洛伐克总统贝奈斯也辞职了，因为"他可能已成为新国家必须去适应发展的一个障碍"。他悄然离开了捷克斯洛伐克，后来寄居英国。

捷克斯洛伐克这个曾经的工业强国就这样被肢解了。根据慕尼黑协定，希特勒得到了他所要求的一切。德国强迫捷克斯洛伐克割让了2.8万多平方公里的苏台德区，上面住着360多万日耳曼人和捷克人。在这个地区内，有着当时欧洲最为牢固的防御工事之一，只有法国的马其诺防线可以与之媲美。更加令人不安的是，希特勒从捷克斯洛伐克获得了大量的作战物资。

丘吉尔是一个十分机智的人。一次，反对党的一名议员正在议会上滔滔不绝地陈述自己的观点，丘吉尔越听越不耐烦，不禁摇起头来。正在演说的议员大为恼火，指着丘吉尔咆哮道："我要提醒这位保守党的朋友，我现在仅是陈述我的意见而已。"丘吉尔立即抬起头来，回敬道说："我也要提醒这位演说的朋友，我现在也仅是摇我自己的头而已。"

第十三章　战时内阁首相

在战争与屈辱面前，你选择了屈辱。可是，屈辱过后，你仍得面对战争！

——丘吉尔

（一）

慕尼黑会议对英、法来说不但是一次耻辱，也是一次沉重的打击。慕尼黑会议之后，捷克斯洛伐克被肢解了，原先部署在坚固山地工事中的35个装备精良的捷克师也撤离了。要知道，35个捷克师牵制着大批的德国军队。如今，这一支重要的军事力量几乎无法发挥任何作用。更重要的是，慕尼黑会议让英、法两国的信誉在东欧各国中遭到沉重打击，谁还会相信英、法政府信誓旦旦的保证呢？波兰、罗马尼亚等国都争先恐后地想在为时不算太晚的时候同希特勒搭上桥，谋求保全自己，免遭大害。

然而，张伯伦却在此时向英国人民宣布：

"在我国历史上，这是第二次把光荣的和平从德国带回到唐宁街来，我相信这是我们时代的和平。"

那些依然做着和平美梦的英国人也以为首相为他们赢得了和平，但和丘吉尔同样具有深刻洞察力的人早就识破了希特勒的野心。海军大臣达夫·库珀就从欢呼的人群中冲了出来，愤而辞职，以示抗议。

丘吉尔也在报纸上发表声明说：

"捷克斯洛伐克在英、法两国的压力之下被分割了，这无异于西方民主国家向纳粹武力威胁的彻底投降。这种失败不会给英国和法国带来和平或安全。恰恰相反，这将使这两个国家的处境更为软弱无力和更为危险……"

丘吉尔在下议院也生动地表达了自己的观点，他把希特勒比喻成一个强盗，一针见血地指出：

"他先用手枪对着你，要你给他一英镑。等到如数照给之后，他又用枪口对着你，要求给两英镑。最后那个独裁者答应先收1英镑17先令6便士，剩余的部分要你保证随后付清……不要认为这件事会从此结束，这不过是算账的第一步，这不过是以后每年还要递给我们的苦杯的第一口，第一次尝尝味道罢了。除非我们振作精神，恢复我们的战斗活力，我们才能像往日一样重新站起来，为保卫自由而战。"

一切正如丘吉尔预料的那样发生了。德国在占领苏台德区之后，希特勒马上就开始觊觎捷克斯洛伐克剩余的领土了。

1939年3月10日，捷克斯洛伐克中央政府解散了亲德的斯洛伐克地方政府，并逮捕了一批追随纳粹德国的分裂主义分子。希特勒抓住这一事件，立即向部队下达了于3月15日占领捷克的命令。

3月15日凌晨2点，德军大举侵入捷克境内。与此同时，德军空军元帅戈林和德国外长里宾特洛甫不断向捷克总统施压。年迈的捷克斯洛伐克总统艾米尔·哈查心脏病突发，昏了过去。醒来后，他极不情愿地在《德捷协定》上签字，"邀请"德军入境。

至此，希特勒的诡诈伎俩已经达到登峰造极的地步。签完字之后，希特勒冲进他的办公室，拥抱在场的每一个人。他狂妄地宣告：

"捷克斯洛伐克再也不存在了！孩子们，这是我生平最伟大的一天！我将以最伟大的德国人而名垂青史！"

（二）

希特勒的侵略野心终于惊醒了张伯伦和支持他的民众。至此，张伯伦才在下议院公开宣布：如果波兰遭到入侵，英国政府将保证给予波兰政府以全力支持。法国政府也已授权让他明确表示：法国将与英国采取同样立场。

但是，张伯伦采取的措施已经太晚了，德国先后占领了奥地利和捷克斯洛伐克，获得了强大的军工生产能力，而英国却无力保障法国的边境防务。远离欧洲大陆的美国也深陷和平主义与孤立主义的泥潭之中，根本无法向英、法伸出援手。

大部分英国人都清醒地意识到，要对抗来自德国侵略的潜在威胁，必须像第一次世界大战期间一样，建立联合政府，加强政府的凝聚力。同时，人们要求丘吉尔参加内阁的呼声也日渐强烈起来。在世界大战一触即发的时刻，英国需要有一个像丘吉尔这样坚强的保护神。《每日电讯报》开始公开称赞丘吉尔说：

"他不仅是一位由于同国家事务有着长期密切的接触而训练得极有责任心的政治家，而且也是一位对处理在战争中出现的、特别是具有高度战略意义的棘手问题，具有无可比拟的实际经验的政治家。"

此时的丘吉尔也在加紧活动，希望能早日重返内阁。他参加了一个由知名人士组成的"保卫自由与和平中心"，还担任了"新联邦协会"的主席。这些团体在丘吉尔的领导下展开了广泛的宣传活动。

丘吉尔认为，在当前情况下，唯有建立一个维护世界和平的国际组织，才能对抗来自德国的威胁。丘吉尔宣称，在这个"大联盟"的国际组织中，不仅应包括法国，也应该包括苏联在内。他的这一主张与之前的反苏宣传有极大的反差，但正是这种反差才体现出丘吉尔务实的特点。在国家安全面前，意识形态的敌视是次要的。

丘吉尔的主张得到了民众广泛的支持。丘吉尔知道，战争的可能性越大，他进入政府的机会就越多。他曾对身边的人说：

"我知道，如果战争爆发——谁还能怀疑这一点呢？——一副沉重的担子将落在我的肩上。"

1939年9月1日，战争终于在一片恐慌之中爆发了。9月1日凌晨，德军大举越过德波边境，分北、西、南三路向波兰首都华沙进逼。这是人类历史上第一次大规模的机械化大进军，德军的轰炸机群呼啸着向波兰境内飞去，目标是波兰的部队、军火库、机场、铁路、公路和桥梁。德军趁势以装甲部队和摩托化部队为前导，以每天50~60公里的速度向前突进。

德军闪击波兰，标志着第二次世界大战欧洲方面的战事正式拉开帷幕。

消息传到英国后，一大群青年立即手举标语牌来到下议院和首相府邸旁边的街道上游行，高呼口号，抨击张伯伦的错误政策。一些激进的青年甚至四处张贴"丘吉尔必须回到政府去"的标语和海报，希望让主张对德国采取强硬措施的丘吉尔担任首相。

张伯伦终于被迫改变了对德国的态度。9月1日上午，他向军队下达动员令。当天下午，他又在唐宁街10号召见丘吉尔，邀请丘吉尔参加由6位大臣组成的小型战时内阁。但张伯伦说，由于自由党和工党对各大党派的联合尚未作出决定，所以暂时不能向丘吉尔发出正式任命。

9月3日，张伯伦在下议院发表了一通充满悔意的演说，他在演说中指出：

"今天是我们大家最感到痛心的日子，但没有一个人会比我更为痛心。在我担任公职的一生中，我所信仰的一切，我所为之工作的一切，都已毁于一旦。现在我唯一能做的就是：鞠躬尽瘁，使我们必须付出重大代价的事业取得胜利……"

上午11点，英国政府对德宣战，并宣布全国进入战争状态，下议院立即批准了政府的这两条决定。同时，在下院的首相办公室里，张伯伦正式向丘吉尔宣布：邀请陆军大臣和海军大臣参加战时内阁，并请丘吉尔任海军大臣。

就这样，丘吉尔在阔别了24年之后再次回到海军部。由于形势危急，丘吉尔马上捎话给海军部，说他将在当天下午6点到部视察，海军部立即电告各海军舰队：

"温斯顿回来了。"

（三）

上任以后，丘吉尔把全副精力都投入到海军部的各项工作中去，夜以继日地视察英国沿海各基地的舰队。丘吉尔惊讶地发现，皇家海军的战舰大都是他第一次当海军大臣期间建造的，不仅装备陈旧，而且数量也不足。

看到这些情况，丘吉尔十分痛心。看来，皇家海军在短时间内是无法挡住德国的攻击了。

丘吉尔的判断十分正确。不久之后，英国皇家海军的惨剧就接连发生了：几艘英国客轮被德国鱼雷击沉；"无畏号"航空母舰被德国潜水艇击沉；停泊在英国港湾中的"皇家橡树号"主力舰被德国飞机炸沉……

丘吉尔没有向媒体封锁消息，而是主动向新闻界通报了这些情况。随后，他就向下议院提出，必须建立商船护航制度，因为英国本土所生产的粮食和其他战略资源十分有限，根本不足以应付长时间的战争消耗。为了支持日后大规模战争和维持全国人民日常生活需要，丘吉尔迅速组织了强大的护航队。为提高商船的自卫能力，他还为商船装备了反潜大炮。

为重树海军的形象，鼓舞士气，丘吉尔网罗了大批专家，成立了一个专门的统计处，研究关系全部战局的数据、图表、情报和作战方案等。11月末，海军侦察兵在泰晤士河口的河滩上发现一个德国磁性水雷，海军部马上派出一个勇敢的技术小组想方设法拆开它，揭示了它的秘密，找到了对付它的方法。从此以后，英国的船只都装上了各种消磁装置，消除了德国磁性水雷的威胁。

另外，丘吉尔还提出在莱茵河上投下漂浮水雷，在挪威海岸线布下水雷，以阻止德国潜艇将瑞典铁矿砂经由挪威的纳维克港运往德国的计划。

丘吉尔的这些计划有力地反击了德国潜艇的威胁，也重新树立了英国皇家海军在民众心目中的形象。

在英国皇家海军逐步展开战斗之时，陆军却没有采取任何实质性的行动，这主要是因为英、法没有做好应战的准备，而且不想真正打仗。张伯伦就曾宣称：这是一场"晦暗不明的战争"。所谓"晦暗不明"，实际上是指"战"与"和"还在两可之间。

正因为英、法两国首脑处于这样一种精神状态之中，盟国在战争初期一直处于被动挨打的局面。而英、法两国的屯集重兵却躲在马其诺防线后面，眼睁睁地看着纳粹德国的铁蹄践踏欧洲大陆。

直到1940年4月，德军以闪电战在4小时内占领了丹麦和挪威首都奥斯陆后，英国才派出军队在挪威同德军交战。

可是，由于英军没有滑雪部队，缺乏在寒冷地带作战的经验，又对挪威地形不熟悉，英军在挪威遭到惨败，成千上万的士兵死在异国他乡的雪地里。挪威隔北海与英国相望，对英国国家安全十分重要，而且又是英国的保护国。挪威作战的失利，致使英国本土遭受到严重的威胁。

张伯伦政府立即遭到保守党、工党和自由党的一致声讨。5月7日，在下议院的辩论中，著名的保守党议员利奥波德·艾默里引用克伦威尔向议会说过的话对张伯伦进行了猛烈的炮轰。他说：

"你们在这里坐得太久了，再也干不出什么好事来。我要说的是：你们快走开！让我们和你们从此一刀两断。看在上帝的面上，走吧！"

艾默里的发言赢得了议员们热烈的掌声，但张伯伦却依然赖在首相的位子上不想下台。他向议员们说，他愿意改组内阁，成立由他领导的联合政府。但工党表示不接受他的领导，自由党和保守党中反张伯伦集团的领导人也敦促工党领袖艾德礼提议进行表决。表决结果显示：政府的支持票由原来的200票以上一下子跌到81票。这下，张伯伦众叛亲离，只好黯然神伤地下台了。

张伯伦下台了，由谁担任首相呢？丘吉尔理所当然地成为众望所归的人选。各党政要都认为，只有丘吉尔才具备担负战时首相重任所必需的意志和活力。英国民众也认为，丘吉尔无论遭到什么挫折和失败，始终是一个强者，善于鼓舞民众并能毫不妥协地抵抗德国的入侵。

战争局势的发展在呼唤丘吉尔，英国民众在呼唤丘吉尔，世界反法西斯战争的形势也在呼唤丘吉尔……

丘吉尔也顺天应时地发表了一通颇具领袖风范的演说。他在演说中指出：

"让党派利益搁在一边，把我们的全部精力集中起来，使国家的全部才智与力量都投入战争中来，把所有的健壮马匹都套上轭具……"

（四）

1940年5月10日，德国进攻法国的"镰刀行动"揭开大幕，西线的平静终于被希特勒的装甲部队闪电式的进攻打破。德国集中了136个师，其中10个坦克师、7个摩托化师以及2580辆坦克和3824架飞机，绕过被英、法两国视为生命线的马其诺防线攻入法国、荷兰、比利时和卢森堡。当天，军事力量薄弱的卢森堡不战而亡。

当天下午6点，英王乔治六世在白金汉宫召见丘吉尔，授权他组织政府，丘吉尔终于如愿以偿地登上了首相的宝座。但是，他所面临的却是一个炮火连天的世界。

随即，丘吉尔就与工党领导人举行了会谈，商讨内阁名单。午夜时分，战时内阁的名单被送到国王乔治六世的手中。

战时内阁5名主要阁员分别是：首相兼国防大臣丘吉尔、保守党下议院领袖兼枢密院院长张伯伦、外交大臣哈利法克斯、掌玺大臣艾德礼以及副首相兼"不管"部大臣格林伍德。

除此之外，自由党领袖辛克莱任空军大臣，保守党艾登任陆军大臣，工党亚历山大任海军大臣。

张伯伦与丘吉尔之间矛盾重重，曾屡次阻挠丘吉尔进入内阁，丘吉尔为什么还要把如此重要的职务交给他呢？丘吉尔认为，如果在当时的情况下和张伯伦算旧账，势必会危害内阁的稳定性，从而使英国输掉整场战争。他曾对不明就里的人说：

"如果想拿现在来裁判过去，那就会失去未来。"

丘吉尔对内阁大臣的安排不但表明他具有宽宏大量的领袖气度，也符合他于5月7日的演说中提出的"团结一致"的原则。正是这种气度和原则，才让丘吉尔在未来几年中领导英国民众取得了反法西斯战争的胜利。

多年之后，丘吉尔在回忆自己临危受命主持国政之时的心情写道：

"在最后的这个充满危机的多事之秋，我在凌晨3点才上床休息。我有一种如释重负之感，我终于获得指挥全局的大权。我觉得我是幸运的人，我以往的全部生活不过是为了这个时刻、为了承担这种考验而进行的一种准备罢了。我想我对全局了如指掌，深信自己不会失败。"

丘吉尔对胜利具有坚定的决心，他曾对战时内阁的成员们说：

"如果我们打不赢这场战争，应当被送到伦敦塔山去斩首的就只有我们5个人。其余的人要处分的话，那只是因为他们掌管的部门有所失职，而不是因为他们制订了政府的政策。"

伦敦塔山是英国中世纪监禁和处决囚犯的地方。丘吉尔的这番话表明了他打赢战争的坚强决心，也表明了他将拉着英国这架古老的马车渡过危机的责任感。

5月13日，下议院召开特别会议，对新政府进行信任投票。会上，丘吉尔首次以首相身份发表了金声玉振、激动人心的演说。他站在演说台上，目光坚定地扫视一圈。下议院里座无虚席，议员们坐在座位上安静地盯着他；过道上和外面走廊里前来旁听的民众也默默地盯着他，他们的目光里充满了恐慌和祈求，似乎在说：

"请你给我们力量吧！"

随即，丘吉尔坚定而又自信地说道：

我没有别的，只有热血、辛劳、眼泪和汗水献给大家……你们问：我们的政策是什么？我说：我们的政策就是用上帝赐予我们的全部精力竭尽全力地在海洋、陆地和空中进行战争，同一个在邪恶悲惨的人类罪恶史上还从来没有见过的穷凶极恶的暴政进行战争。这就是我们的政策。

人们眼睛里的恐慌渐渐消失了，他们用热烈的掌声向丘吉尔表明了他们的态度。丘吉尔伸出右手，掌心向外，叉开食指和中指，摆出了英文中"胜利"一词的第一个字母"V"的形状，继续说道：

你们问：我们的目的是什么？我可以用一个词来回答：胜利——不惜一切代价去争取胜利，无论多么恐怖也要去争取胜利，无论道路多么遥远和艰难也要去争取胜利。因为，没有胜利就不能生存。

丘吉尔简短的演讲结束了，会场上立即响起暴风雨般的掌声。投票结果表明，丘吉尔的新政府以381票对0票赢得了举国一致的支持。

从此以后，丘吉尔的这次掷地有声的演说和那经典的"V"形手势便在世界反法西斯人民中间传开了，成为鼓舞人们战斗最有力的号角。

第十四章　敦刻尔克大撤退

　　当你面对恐惧害怕得发抖时，这并不代表你遇到了大灾大难；而如果你不敢立即着手应对和抗争，这才意味着你将大祸临头！

——丘吉尔

（一）

　　1940年5月14日，希特勒的爱将古德里安将军指挥一支强大的装甲部队由德国边境越过阿登山脉，强渡马斯河，以破竹之势突破了法军第九军团和第二军团仅8万人的防线，向法国北部铺天盖地地压来。法国人一直坚信不疑的"马其诺神话"破灭了！

　　消息传来后，法国人被吓坏了，荷兰人被吓坏了，比利时人和英国人都被吓坏了。荷兰军队的总司令签署了停战投降令。法国新任总理雷诺则于15日清晨7点30分给丘吉尔打来电话，喃喃地说：

　　"我们被打败了！我们被打败了！"

　　丘吉尔立即致电美国总统罗斯福。他在电文中指出，德国正以惊人的速度征服欧洲，而墨索里尼也将伺机劫掠。因此，他希望罗斯福宣布美国处于"非交战"状态，即不派遣武装部队直接参战，但提供一切必要的援助。

　　在电文的最后，丘吉尔还以一种近乎孤傲而悲壮的语调说：

"如果必要的话，英国将单独战斗下去。"

然而此时，罗斯福正受到美国国内孤立主义势力的阻挠，根本无法向英、法提供强有力的援助。

欧洲大陆的战局还在迅速恶化。5月14日，德军以迅雷不及掩耳之势攻占了法国的军事要地色当，随后便风卷残云一般向法国腹地推进。面对德军的装甲集团迅速向法国腹地推进，丘吉尔忧心如焚。5月20日，他再次给罗斯福发电，慷慨激昂地说：

"如果英国打败了，我将和我的政府同归于尽。"

5月21日，直抵英吉利海峡的德军切断了匆忙赶来援助比、法两国的英国远征军的进军路线。近40万英法联军被围逼在法国北部的狭小地带，只剩下敦刻尔克这个仅有万名居民的小港可以作为海上退路。

形势万分危急，敦刻尔克港口是个极易受到轰炸机和炮火持续攻击的目标。如果40万人被围困在这个港口的话，德国的炮火势必会给英法联军以毁灭性的打击。

在万分危急的形势下，丘吉尔当机立断，制订了"发电机"计划，命令海军调集船只，准备接运英国远征军和法军撤回英国本土。5月24日，南线德军沿海岸推进到距敦刻尔克只有30余公里处，很快就要锁住海岸边狭窄的出口了。

就在此时，希特勒突然向他的装甲部队发出停止前进的命令。希特勒判断，他的装甲部队距离主力部队已经太远，如果英国人发动反攻的话，装甲部队恐怕无力抵挡。

英国远征军司令戈特将军立即将希特勒的这一错误判断报告给丘吉尔，丘吉尔决定充分利用这个意外的宝贵喘息机会，一面加强陆、海、空三军的配合，加强防御，一边悄悄将部队撤向海边。

5月26日黄昏时分，英国海军部下令开始执行代号为"发电机"的撤退行动，前往敦刻尔克接应撤退的英国远征军。英国政府和海军部发动了大批船只，动员人民起来营救军队，他们的计划是力争撤离3万人。

5月28日，比利时国王奥波德三世命令比利时军队向德军投降。大量德军从英、法部队的侧翼长驱直入，迅速把敦刻尔克地区包围起来。英、法军队一边组织抵抗，一边有序地撤离敦刻尔克。

在实施"发电机"计划的9个昼夜中，65岁的丘吉尔昼夜不眠，全神贯注地在关注着局势的发展。他一面指挥撤退，一面向政府官员发布通令：

"在这黑暗的日子里，如果政府中所有的同僚以及重要官员能在他们的周围保持高昂的士气，首相将不胜感激……"

在丘吉尔的鼓励下，英国政府的大臣和官员果然不负所望，战时内阁表现出坚强的团结，人民群众万众一心，出船出力，团结在内阁周围，奋勇抗敌。大量的渔船和商船也自发地出动了，他们没有登记过，也没有接到命令，但他们有比组织性更有力的东西，这就是不列颠民族征服海洋的精神。许多英国部队的高级指挥人员也参加了援救行动，海军部的文职官员地图室主任皮姆上校也驾驶一艘荷兰小船，在4天内顺利接回了800人。

到6月4日下午2点23分，"发电机"行动结束之时，从敦刻尔克撤向英国本土的英法联军达33.5万人。敦刻尔克大撤退保存了英法联军的有生力量，粉碎了希特勒在敦刻尔克消灭英法联军主力的幻想，为最终取得反法西斯战阵的胜利创造了条件。

（二）

敦刻尔克大撤退虽然保住了英、法军队的有生力量，但却丢弃了大量的武器装备，英法联军的2300门大炮、4万辆坦克、12万辆车辆以及大量的枪支弹药都成了德军的战利品。

敦刻尔克撤退之后，英国几乎没有任何反坦克炮和反坦克弹药，坦克不到200辆，野炮不足500门。这就意味着：英、法两国在短时间根本无法装备足够数量的军队对抗德国的入侵。

但无论如何，英法联军总算得到了一次喘息之机。撤退成功的当天下午，丘吉尔就在下议院发表了一篇充满斗志的演讲。丘吉尔在演讲中说道：

"这次战役尽管我们失利了，但我们决不投降、决不屈服，我们将战斗到底……我们必须非常慎重，不要把这次援救说成是胜利，战争不是靠撤退赢得的。但是，在这次援救中却蕴藏着胜利，这一点应当注意到……"

丘吉尔的演讲赢得了议员们热烈的掌声。随后，他慷慨激昂地号召道：

> 如果所有的人都能忠于职守，如果我们的工作不出差错，事事都像现在这样安排周密，那么我充满信心。我们将又一次证明我们能够抵御战争的风暴，抗击强暴的威胁，保卫自己的岛国。如果必要，我们就进行持久战；如果必要，就孤军奋战……我们要坚持到底，我们要在法国国土上作战，要在各个海洋上作战……我们要在滩头作战，在登陆地作战，在田野、在山上、在街头作战，我们在任何时候决不投降！即使整个英伦岛或大部分土地被占，我们饥寒交迫，我们所有由英国舰队武装和保护的海外帝国也将继续战斗。直到上帝认为适当的时候到了，新大陆将挺身而出，以其全部力量支援旧世界，解放旧世界！

然而，战争的形势对英国越来越不利。在大军压境之际，法国军政高层分裂成投降派和主战派两派。以法国副总理兼军事委员会副主席贝当元帅和法军总参谋长魏刚将军为首的投降派主张放弃抵抗，法国总理雷诺和国防部兼陆军部副部长戴高乐将军则主张抵抗到底。但是，雷诺总理在内阁中软弱无力，戴高乐地位卑微，两人根本无力阻挡贝当元帅和魏刚将军走向投降的步伐。

为了敦促法国继续抵抗下去，丘吉尔在一个月之内5次前往法国，与法国军政高层举行会晤。6月9日，雷诺总理也派戴高乐将军为代表飞往伦敦求见丘吉尔，请求英国的帮助。然而，一切都太晚了，德军迅速消灭了法军的主力部队，随即像潮水一般涌向法国腹地。

6月10日，墨索里尼见德军已经逼近法国首都巴黎，想趁机捞一把，随即对英、法宣战，意大利在北非的驻军随即向驻守在埃及的英军发起进攻。丘吉尔立即命令英军中东总司令韦维尔将军组织反击。

墨索里尼的加入让德军如虎添翼。同日，法国政府匆忙撤离巴黎，迁到图尔，法军总参谋部则设在布里阿尔附近。

6月11日上午11点，雷诺总理给英国首相丘吉尔发了一封电报，表示他能在奥尔良附近的布里阿尔接待英国客人。同时，他也给美国总统罗斯福总统发了一封电报，要求美国派来"遮天蔽日的飞机"。然而，由于美国孤立主义与和平主义思想严重，罗斯福被缚住手脚，除对法国的遭遇表示同情之外，什么也做不了。

当天下午2点，丘吉尔一行乘坐的飞机抵达奥尔良机场。随丘吉尔一起抵达法国的还有英国陆军大臣艾登先生、帝国总参谋长迪尔将军等人。法国方面参加会谈的有雷诺总理、贝当元帅、魏刚将军以及国防部兼陆军部副部长戴高乐等人。

英、法军政界高层举行的这次会谈主要是讨论战与降的问题。丘吉尔力劝法国政府保卫巴黎，哪怕在城市内进行巷战也在所不惜。丘吉尔特意向贝当元帅追述了第一次世界大战时期法国总理克列孟梭曾经说过的：

"我决定在巴黎的前面作战，在巴黎的城里作战，在巴黎的后面作战。"

但贝当元帅却回答说：

"那时，他可以调动60个师以上的大军；可是现在，我手上连一个师也没有了。再说，那时战线上有60个师的英军，就是把巴黎化为灰烬也不会影响最后的结局。"

　　丘吉尔重申了自己的立场，无论在任何险峻的情况下都坚持继续作战，相信盟国能够无限期地打下去，最终也能取得胜利。丘吉尔建议法军在敌强我弱的情况下开展游击战争。他说：

　　"德军在接触点上并不像人们想象得那样强。如果所有的法国军队，每一个师，每一个旅，在他们的战线上都不遗余力地作战，就可以使敌军的活动全部陷于停顿。"

　　贝当却回答说：

　　"公路上的状况十分可怕，难民拥挤，遭到无法抵御的德机机关枪的扫射，大量居民成批地逃难，还有政府机构和军事机关都在继续崩溃……"

　　突然，法军总参谋长魏刚将军打断了贝当元帅的话，插嘴道：

　　"法国将不得不要求停战。"

　　雷诺总理立即喝阻他道：

　　"那是政治问题！"

　　贝当元帅和魏刚既然已经下定决心要投降，再劝说他们也无济于事。于是，丘吉尔说：

　　"如果法国在苦难中认为最好的办法是让它的陆军投降，那就不必为了我们而有所犹豫。因为不管你们怎样做，我们都将永远、永远、永远地打下去！"

（三）

　　由于贝当元帅与魏刚将军坚决放弃抵抗，丘吉尔与法国军政高层的会晤最终不欢而散。英国代表团走后不久，贝当和魏刚就自主主张地宣布巴黎为不设防的城市。贝当元帅声称法国政府应当不惜任何代价，要求停战。他还断言：

　　"不迁移，不逃跑，政府就不可能放弃法国领土。"

这位第一次世界大战期间的法国英雄固执地认为这是法兰西复兴的唯一机会，他还在一份声明中说：

"关于法兰西的复兴，必须在原地待着，等待复兴的到来，而不是在一种无法预见的条件和期限的情况下，让盟国的大炮来征服法国领土。"

坚信自己代表法兰西的贝当元帅认为，法国人民应当"接受痛苦"，因为那是"法兰西复活"必须付出的代价。他还宣布了自己的意愿：

"就我而言，我将继续在法国人民中间，与他们同甘共苦。"

6月12日，法国内阁决心将政府迁移到波尔多。此时，雷诺通过法国驻美国大使圣康坦获悉，罗斯福只能向自己发来一份同情电，并保证提供更多的物资援助。但除此之外，他什么也做不了。

雷诺立即给罗斯福总统发去一封电报，肯定地说，只有"当胜利的机遇在遥远的将来出现时"才能同意在海外继续进行抗战。他断言，英国的失败"即使不是多半可能的，也是可能的"。因此，他请求美国对这场战争进行干预，帮助法国继续进行斗争。他向罗斯福建议说：

"如果在未来的时刻里您不能使法国相信美国将在短期内参战，那世界的命运就会改变。"

但是，这封电报根本无法促使美国介入到第二次世界大战中来。雷诺的电报除了得到一些"深表同情和遗憾"的回复之外，什么也得不到。

6月14日，形势进一步恶化，德军第十八集团军顺利开进了不设防的法国首都巴黎，巴黎铁塔上立即升起了纳粹的"卐"字旗。雷诺立即叫来海军上将达尔朗，商量转移到北非的后勤问题，又命令戴高乐赴伦敦请求英国对转移提供援助。

戴高乐匆匆告别，当晚赶到布列塔尼，第二天清晨乘上"米兰号"驱逐舰前往伦敦。但他没想到，雷诺在贝当元帅的影响下，又给丘吉尔发去一封要求英国方面同意法国单独与德国媾和的电报！软弱的雷诺总理甚至按照贝当元帅的意思在电报中暗示：如果英国拒绝，他就将辞职。

接到雷诺的电报之后，丘吉尔暴跳如雷地将其扔在地上。如果法国投降，英国将不得不单独面对强大的德、意法西斯。丘吉尔摇了摇头，他的"英国将单独战斗下去"的预言马上就要变成事实。但法国还有强大的海军，如果这些海军落入希特勒之手，英国皇家海军将如何抵抗猖獗的希特勒呢？

法国海军上将达尔朗曾向丘吉尔保证，决不让法国落入希特勒之手。但在战争面前，达尔朗那软弱的个人保证又有什么用处呢？无论如何，法国将要投降都是不争的事实，丘吉尔根本无力阻挡贝当元帅和魏刚将军走向投降的步伐。

6月16日，英国战时内阁只好作出决定：在法国舰队尽快驶往各港口的条件下，英国同意法国寻求停战。

但丘吉尔并没有放弃努力，当天中午，他就与前来访问的戴高乐将军草拟了《联盟宣言》，企图将法国绑在英国的战车上。这一宣言的意义在于让英法两个民族合并为一体，共同承担战争责任。如此一来，法国的单独媾和就没有任何意义了。

下午4点30分，丘吉尔打电话给法国总理雷诺，兴奋地对他说：

"喂！雷诺，戴高乐是对的！我们的建议可能产生巨大的效果，你要坚持住！"

但丘吉尔高估了雷诺的抗压能力，《联盟宣言》遭到了以贝当元帅和魏刚将军为首的投降派的坚决抵制，雷诺总理于当晚愤而辞职。勒布伦总统已召见贝当元帅，并命他组阁。

第二天，贝当元帅便通过广播号召全国军民"停止战斗"。6月22日，贝当政府与德国在贡比涅森林签订了停战协定。

法国投降了，英国不得不单独面对强大的德、意法西斯。为了号召法国人民继续抵抗下去，并为将来反攻欧洲大陆做好准备，丘吉尔支持戴高乐将军在伦敦成立流亡政府——"自由法国运动"。从此，法国出现了两个政府并存的局面，以戴高乐将军为领袖的法国称自由法国；以贝当元帅为首的法国因首都设在维希市，称维希法国。

第十五章　不列颠之战

我们应从遭受苦难的心中获得呼吸、生存的方法。

——丘吉尔

（一）

法国与德国签订停战协定的消息传到伦敦之后，丘吉尔坐在宽大的办公桌前，呆呆地看着前方，半晌才喃喃地说：

"法兰西之战已告结束，不列颠之战就要开始了……"

沉重的危机感促使丘吉尔不得不采取非常措施。这位65岁的老人每天早上8点钟左右就开始了一天紧张的工作，所有最重要的会议都在晚上召开，往往开到深夜才结束。有时，他会带着秘书走进电报机房，一直工作到翌日凌晨两三点甚至5点。

在丘吉尔的带动下，政府机关公职人员和民众的办事效率和精神面貌都有了很大的改变。在短短几天时间内，每个人的心中都树立起随时迎战的紧迫感，政府机关的公职人员取消了休假，参谋长联席会议不间断地举行着，东部和南部沿海的民众也在热火朝天地修筑着防御工事，各地的兵工厂更是在加班加点地生产武器装备……

一切正如丘吉尔预料的那样，德军击溃法军之后立即将矛头指向英伦三岛。希特勒和他的帮凶们制订了代号为"海狮"的战役计划。

1940年7月10日，希特勒向帝国元帅、德国空军总司令戈林发出指示：先行摧毁英国皇家空军，取得英伦三岛的制空权。

当天，德国空军就对伦敦实施了大规模的空袭行动，"不列颠空战"正式拉开帷幕。

此后，一直到1940年末，疯狂的希特勒每天派出数千架次战斗机和轰炸机轮番轰炸英国首都伦敦、各大港口、海上运输线、海军基地、雷达站和飞机场等重要战略目标。坚强的丘吉尔命令英国皇家空军予以反击。在肆虐的战火中，伦敦、伯明翰等大城市被德军的炸弹炸得千疮百孔，居民伤亡十分惨重，但丘吉尔始终都没有放弃抵抗，甚至连这样的打算都没有。他下定决心：哪怕英国仅剩下一寸土地、一个人，也要继续战斗下去。

9月15日，德军再次掀起空袭的高潮，200多架德军轰炸机和600多架战斗机飞临伦敦上空，肆虐地投下数百吨炸弹。

空袭警报拉响之际，丘吉尔走出办公室，仰头望了望在天空中盘旋的德军飞机。随后，他命令司机把汽车开到门口，他要到第十一空军大队的指挥部去亲眼看看英国空军的反击。

秘书拦住了丘吉尔，劝道：

"首相，这太危险了！"

丘吉尔一把推开秘书，大怒道：

"我要和我们英勇的空军在一起。"

几分钟后，丘吉尔和妻子克蒂门蒂娜来到设在阿克斯布里奇的第十一空军大队司令部。当他们走到地下指挥中心之时，第十一空军大队司令帕克少将迎了上来，喃喃地对丘吉尔说：

"我不知道今天会发生什么情况，目前还平静无事。"

15分钟，情况发生了变化。参谋人员不断走来走去，操作着墙上的指示牌。指示牌最底下的一排灯泡全部亮了起来，这表示第十一空军大队下属的各个中队全部做好了起飞的准备。

又过了10分钟，激烈的战斗开始了。伦敦上空布满了双方的战斗机，参谋人员不断移动着指示牌上的坐标，标明德军飞机的数量和飞行路径。

"40架。"

"60架。"

"80架。"

……

德军的飞机越来越多！

丘吉尔平静地看着指示牌，静静地等待着最后的战况。

由于全力抢占高空，英国空军的飞机油耗量和弹药消耗量都很大，每战斗5分钟就要降落补充弹药，每飞行70分钟就要降落加油。因此，当空战进行了一个多小时之后，第十一空军大队的所有战斗机中队都投入了战斗。

帕克少将着急起来，额上沁出了汗珠。丘吉尔觉察到司令官的不安，忍不住问道：

"我们还有预备队吗？"

帕克少将望了望丘吉尔，沉重地回答道：

"没有了，一个也没有了！"

丘吉尔不禁倒吸了一口凉气，如果德军的飞机再增多一些的话，后果将不堪设想。帕克少将也感觉到了首相的不安，立即打电话给驻守在斯坦莫尔的第十二空军大队，要求抽调3个飞行中队归他指挥，作为预备队。第十二空军大队司令道丁少将立刻答应了帕克少将的要求。

10分钟后，指示牌上的坐标发生了变化，代表德军飞机的坐标开始向后方移动，这意味着德军的飞机开始离开了。丘吉尔担心的事情没有发生，德军再也没有能够出动的飞机了。随后，战斗结束，战斗警报也解除了。

丘吉尔缓缓地走向通向地面的台阶，帕克少将出来送他时说：

"首相，我们感到很高兴，您亲自看到了这次空战。今天使用的力量已经远远超出了他们的限度！"

丘吉尔问：

"接到战果报告了吗？"

帕克少将回答说：

"还没有。一有消息，我就派人送到您的办公室。"

当晚，丘吉尔接到了当天的战果报告。据英国皇家空军方面的统计，德国空军损失了183架飞机，英国空军损失了80架。其实这个战果在无意之间被夸大了，英国空军的统计中有一部分数据重复，德国空军真实的损失数据仅仅是56架。但不管如何，丘吉尔和他的人民经受住了德国空军的狂轰滥炸。

英国飞行员的英勇顽强给丘吉尔留下了难以磨灭的印象，后来丘吉尔曾写道：

"最突出的是，我们的战斗机驾驶员们始终保持着不屈不挠的、最大的毅力和勇气。不列颠得救了，所以我在下院这样说：'在人类战争的领域里，从来没有过这么少的人对这么多的人作过这么大的贡献。'"

（二）

德国空军持续不断的袭击给英国民众带来了惨重的伤亡，但哪里有灾难，丘吉尔就会出现在哪里，鼓励人们拿出勇气，擦干眼泪，继续战斗。在丘吉尔的鼓励下，英国民众在战争中表现出了前所未有的坚强。

有一天午后，财政大臣金斯利·伍德到唐宁街10号的首相府邸找丘吉尔洽谈公事。突然，泰晤士河对岸的伦敦南区传来一连串巨大的爆炸声。丘吉尔拉着他的财政大臣立即跑出办公室，到现场去看望有没有人受伤。

爆炸造成的破坏很大，爆炸点周围30多栋3层楼房几乎全部被炸毁。而让丘吉尔深受震动的是：受伤的人们已在废墟上插满了许多小小的英国国旗。

当地居民认出了丘吉尔乘坐的轿车，纷纷从四面八方围拢过来。1000多名情绪高昂的民众围在丘吉尔的身边，一面欢呼，一面表达对他的热爱，甚至有人还想过来摸一摸他的衣襟。

丘吉尔忍不住落下眼泪，但那并不是悲哀的眼泪，而是赞叹和钦佩的眼泪。有如此坚强的人民，英国绝对不会输掉这场战争！

一位老太太看着落泪的丘吉尔，感动地说：

"看，他真的关心我们呢！他在落泪！"

当丘吉尔返回他的轿车，人们再次围拢上来，一群面色憔悴的人们激愤地喊道：

"我们要还击！我们要让他们也尝尝悲伤的滋味！"

丘吉尔丢掉手中的雪茄，用力握了握拳头，高声道：

"还击！"

另一次空袭过后，丘吉尔去察看废墟，发现在一个被炸成废墟的小饭店旁，店主夫妻和一群年轻的服务员正在失声痛哭。丘吉尔被深深地触动了，他喃喃地说：

"他们的家在哪里呢？他们今后靠什么生活呢？"

在返回的途中，丘吉尔便口述了一封给财政大臣的信，信中确定了这样一项原则：凡由敌人轰炸造成的一切损失，应由政府立即全部赔偿。

如此一来，被炸毁家园的人们就不用单独承担战争带来的损失了，而由全国人民平均分担。内阁根据这一原则制定的战争保险方案对动员全民抗战发挥了重要作用。

11月19日到22日，德军对伯明翰连续实施了大规模的空袭，当地居民损失惨重，死亡800多人，受伤2000多人。在空袭过后，丘吉尔前往该地视察。当他的汽车在街上慢慢行驶着，突然一位年轻的女工跑过来，朝车里扔了一盒雪茄烟。

丘吉尔酷爱抽雪茄，这是全国人民都知道的事，那位年轻的女工说：

"我这个星期因为生产成绩最好，得到了奖金。我在一个钟头前才听说您要来。"

丘吉尔感动极了，这件小小的礼物得花费她两三个英镑呢！这说明，英国人民对丘吉尔和他的战时内阁充满了信任。

在不列颠空战的日子里，英国人民表现出了极大的爱国热情。他们乐观镇定、临危不惧，表现出了誓死抵抗侵略者的大无畏精神，大街小巷都贴着丘吉尔的名言：

"让我们投身报国吧，我们要参加战斗、参加工作，每个人要站在自己的岗位上。"

（三）

正是在全国人民的一致努力之下，英国顶住了德国空军疯狂的轰炸。无数志愿者在丘吉尔的号召下参加了防火瞭望哨和消防训练班，德军投下的燃烧弹大多在燃起大火之前就被扑灭。

一批受过专业训练的人还争先恐后地投入到排除定时炸弹的工作中去。萨福克伯爵和他的女秘书、司机就宣称，他们"三位一体"，哪里危险哪里去。然而他们在伦敦排除了34颗定时炸弹后，在拆除第35颗定时炸弹时，由于引信爆炸，三人当场壮烈牺牲。他们的英勇事迹传遍了全国！

军工生产企业则在丘吉尔的巧妙安排下化整为零，躲过了德军的轰炸。工人们很快就适应了在爆炸声中工作的生活，飞机生产部的工人们甚至自愿延长劳动时间，取消休假，全力为空军生产战斗机。他们从被击毁和损坏的飞机上拆下有用的零部件进行装配，几天之内，甚至在几个小时之内，两三架破烂的飞机就能变成一架新的喷火式飞机。正是因为有了他们的无私奉献，英国飞机的生产量才远远超过德国，使得英国空军在战争后期牢牢掌控了制空权。

随着飞机被源源不断地制造出来，英国皇家空军力量逐步恢复。复仇的时候到了！丘吉尔发出了向德军开炮的反击令。英国空军飞行员怀着对纳粹分子的刻骨仇恨，驾驶着轰炸机飞越英吉利海峡，对德国本土实施了一系列猛烈的轰击。纳粹德国的重要城市和工业基地被英国空军复仇的炸弹炸成了废墟。汉堡、德累斯顿、柏林、科隆、法兰克福、慕尼黑和斯图加特到处都是断壁残垣，残存的房屋在火海浓烟中仿佛孤岛一般耸立着。

希特勒没想到英国空军发展如此之快，更没想到丘吉尔这样一位年迈的老人能有如此坚决的抵抗意志。在空袭达不到目的的情况下，希特勒意识到，跨越英吉利海峡征服英伦三岛的可能性已日趋渺茫，因为德国根本无力集结大规模渡海作战必需的船舶和登陆艇。

所以，从1940年底开始，德军对英伦三岛的空袭逐渐由白昼转为夜间，而且规模和强度也逐渐减小，500架次以上的规模屈指可数。后来，希特勒不断推迟入侵英国的"海狮"计划，直至1942年2月13日完全取消了该计划。

与此同时，在非洲，英国在对意大利的作战中也取得了胜利。英国的保护国埃及地处欧、亚、非三大洲的连接处，战略位置十分重要。墨索里尼希望占领埃及，继而扼住地中海这个重要海上通道，控制整个北非和巴尔干半岛等地。然而，墨索里尼空有一腔趁火打劫的野心，却没有足够的军事实力。40万意大利军队在北非被英军中东总司令韦维尔将军指挥的10万英军打得落花流水，溃不成军。

仅仅在三四个月以前，丘吉尔还对埃及的防卫十分担心。现在，他的忧虑已随着频传的捷报一扫而空了。他接连向前线将士发出祝捷电报，鼓励将士们再接再厉。他还引用著名诗人沃尔特·惠特曼的话勉励他们说：

"一个成功的果实，无论它是多么圆满，都将带来一些需要我们投入更大的战斗才能加以解决的问题。"

在激励士气的同时，丘吉尔还不忘施展外交手段，号召意大利人民反对意大利的独裁者——墨索里尼。12月23日夜，丘吉尔通过广播向意大利人民发表讲话，在追述了英意两国人民长期友谊之后，他揭露了墨索里尼掌权18年中所犯下的种种罪行。随即，丘吉尔宣布：

"我们的军队还在粉碎并且一定要粉碎你们的非洲帝国……我将等到意大利民族能再次创造自己命运的那一天，这一天必定要到来。"

第十六章　争取美国的援助

真正的才华体现在对未知、危险和矛盾的信息的判断之中。

——丘吉尔

（一）

在鼓励英国人民抵抗法西斯侵略的同时，丘吉尔还积极与美国总统罗斯福、苏联领袖斯大林接触，希望能够获得他们的援助。丘吉尔以英属西印度群岛中一系列海、空军基地为期99年的租借权为代价，换得了美国在第一次世界大战时所建造的50艘驱逐舰、50万支步枪、8万挺机枪、900门75毫米的火炮以及大量的弹药等。这些装备在反法西斯战争中起到了十分重要的作用。

不过，由于美国国内孤立主义势力的阻挠，美国对英国的援助只能通过"现购自运"的原则进行。这就意味着：英国不但要支付巨额的军火费用，还要承担运输军火的高额费用。

很快，英国国库中的黄金就消耗殆尽了，为此，丘吉尔还曾遭到议员们的抨击。不过丘吉尔知道，美国对英国实行"现购自运"政策基本等于是对德国宣战了。这也意味着：美国朝着直接参战对抗法西斯德国又往前迈了一大步。

1940年12月8日，丘吉尔给罗斯福写了一封长信。当时，罗斯福正在加勒比海巡视英国租给美国的海军基地。在这封信中，丘吉尔对战争的总形势及其在新的一年中的发展作了展望，详细地说明了生产和运输两方面的紧急问题，以及德国飞机和潜艇袭击造成的危险，坦率地摆明了英国财政的困难状况。他在信中说：

> 我国无力为运输费用和各种军需物资偿付现金的时刻即将来临。我们愿意尽力而为，不惜作出任何牺牲，为我们购买的东西付款。可是，如果在这场斗争达到高潮之际……用我们的鲜血赢得了胜利之后，美国固然赢得了时间得以充分武装来防止任何不测事件，但我们却被剥得周身精光，赤条条地站着。那么，这种状况是不符合我们两国中任何一国的道义原则和经济利益的。

在长信的最后，丘吉尔还巧妙敦促罗斯福说：

"我们深信，你们是一定能够找到将来为大西洋两岸子孙后代赞扬的途径和方法来的。"

丘吉尔这一封饱含深情和渴望的信深深地打动了罗斯福。从道义和友谊的角度出发，他都想支援这位老朋友。更何况，一旦英国战败，谁又能保证德、意法西斯不会将战火引向北美洲呢？

可是，他还需要找出一个合情合理的方式来说服孤立主义情绪严重的美国民众。在一位财政部总顾问的提醒下，罗斯福终于找到了可以说服美国人的理由。

美国1892年出台的一份法案规定：陆军部长"在他职权范围之内，出于维护公众利益"，可以租借陆军财产。看到这个规定，罗斯福一下子恍然大悟，他马上开始在"租借"这个概念上做起文章来。

1940年12月17日，罗斯福刚刚返回华盛顿就召开了记者招待会。在会上，他用一个生动的故事向记者们阐述了将美国建成民主国家兵工厂的必要性。他说：

"一个邻居家失火了，我不能将水管卖给他，但我却可以先借给他用，并收取一定的租金。等扑灭大火之后，他再将这条水管还给我……美国必须成为民主国家的兵工厂。"

12月29日，罗斯福在关于国家安全的"炉边谈话"中再一次向美国民众指出，如果英国倒下了，轴心国家就会控制欧、亚、非和澳洲等各大洲以及各大洋。到那时，整个美洲就会生活在可怕的纳粹枪口下。

1941年1月，罗斯福向国会提交了由财政部起草的租借法案。虽然这一法案遭到一部分议员的抵制，但最终还是于3月在国会上以多数票获得通过。3月11日，罗斯福正式签署并颁布实施。

租借法案授权总统"向总统认为其防务对保卫合众国至关重要的任何国家的政府出售、转让、交换、出租、借与任何防务器材"。除此之外，该法案还规定：美国各造船厂的设备也可以供这些国家使用。

租借法案通过之后，罗斯福又不失时机要求国会拨款70亿美元作为生产与输出租借物资之用，国会很快予以通过。

从此之后，罗斯福政府把美国从忸怩作态的中立引向了与国际合作和直接参加世界反法西斯战争决定性的一步。为保障航线的安全，美国不可避免地扩大了巡逻区，并进而以海军护舰来对付德国军舰和潜艇组成的"狼群"。当一再发生德国潜艇击沉美国舰只的恶性事件后，罗斯福以三军总司令的身份发出了"遇敌即歼"的指令。

事实上，此时的美国在大西洋上已经与德国处于交战状态，租借法案对反法西斯战争的胜利也起到了积极的作用。丘吉尔曾说：

"该法案一通过，马上改变了整个战局。"

（二）

1941年春，北非战场出现了新的复杂情况，不甘心失败的墨索里尼向法西斯轴心国之一的德国苦苦乞援。疯狂的希特勒立即任命他的爱将隆美尔为非洲军军长，率部开赴利比亚，协助意大利部队作战。狡猾的隆美尔作战英勇，剽悍泼辣，曾以闪电战的方式在法兰西之战中最先追到敦刻尔克海边，迫使未及撤往英国的3万多法军投降。

隆美尔一到北非，立即利用英国前方兵力空虚之际率部长驱直入，在两周内就向前推进了600多公里，包围利比亚最重要的托布鲁克港，并直逼利、埃边境地区。英军损失惨重，甚至连两名正在进行权力交接的中将也被德军俘虏。中东总司令韦维尔听到这个消息后，一夜之间仿佛老了10岁。

丘吉尔听到战争失利的消息后，在庄园中独自一人郁郁不乐地徘徊了数小时之久。他想：

"韦维尔已经是一个心力交瘁的人了，我们已把这匹驯良的马骑得走不动了，五六个各不相同战区的任务都压到他一人身上……"

为了扭转战局，丘吉尔立即和战时内阁及军界高层商议，进行人事调整，将韦维尔同驻印总司令奥金莱克互调，并让军队进行一段时间的休整，以便更好地进行战斗。

虽然英军在地中海战区暂时处于不利地位，但丘吉尔却于当年3月获得了一个令他兴奋不已的消息——德国将进攻苏联。

1941年春天，希特勒派鲁道夫·赫斯"访问"英国，企图与他无法征服的英国媾和。赫斯驾驶着一架飞机飞临伦敦上空后跳伞，英国军队立即抓住了这一"入侵者"。在与英国政府代表的密谈中，赫斯表示：希特勒希望丘吉尔辞去首相之职，并与英国签订和约，共同对付苏联。

丘吉尔没有答应希特勒提出的建议，但也没有公开表示异议。他这种晦暗不明的态度引起了舆论界的猜疑，人们纷纷怀疑首相对纳粹德国的真实态度。

其实，丘吉尔是在暗示希特勒，他在进攻苏联时可以得到英国的某种帮助。至少，英国不会干预德国对苏联的入侵。

很明显，赫斯是希特勒丢给丘吉尔的一个诱饵，但丘吉尔却巧妙地将这个诱饵又丢给了希特勒。希特勒和德国的将军们都反对同时在东西两线作战，丘吉尔这种"暗示"打消了纳粹德国的这种疑虑。

3月，丘吉尔获悉，德国装甲部队正在从布加勒斯特到克拉科夫的铁路上往返调动。丘吉尔高兴极了，他说：

"这份情报对我来说好像是一道闪电突然照亮了整个东欧，突然之间把这么多用于巴尔干半岛的装甲部队调往克拉科夫，只能意味着希特勒打算在5月份进攻俄国。"

丘吉尔一直对社会主义苏联抱有强烈的敌视，但如果德国真的击溃了苏联，对英国来说也并不是一件好事，那他为什么要为此而兴奋呢？

这是因为，苏联是世界上最强大的国家之一，拥有强大的军事实力。如果将战火引向东方，德国势必会陷入两线作战的境地。届时，德军在苏联红军和英军的夹击之下，定然会走向失败。

其实，早在1940年12月18日，希特勒就将侵略的矛头指向苏联。在空袭英国受挫之后，希特勒就亲自制定了"巴巴罗沙"作战计划，准备入侵苏联。"巴巴罗沙"的意思是"红胡子"。"红胡子"是神圣罗马帝国皇帝腓特烈一世的绰号。腓特烈一世崇尚扩张与侵略，他曾6次入侵意大利，并指挥十字军东侵。

德国军政界大部分都知道，入侵苏联是危险的，因此，一些军事和外交人员屡次劝告希特勒，应该先解决英国后再开辟对苏战场较为妥当。希特勒的决策通常与德军将领的建议相反，但直到制定"巴巴罗沙"之时，他的这些决策都取得了辉煌的胜利。因此，不但被他蛊惑的人认为他是政治和军事天才，就连他自己也认为自己是千年难遇的奇才。

希特勒认为，德军可以像闪击波兰一样，迅速对苏展开战争，并迅速结束战争。他甚至狂妄地认为：德军在1941年的冬季之前一定可以攻下苏联全境，因此不必准备过冬物资，以抵御苏联寒冷的冬天。这在后来也成为德军受挫的主因之一。

4月3日，丘吉尔向英国驻莫斯科大使发了一份比较婉转的电报，嘱托他转交斯大林。丘吉尔在电报中委婉地指出了德国入侵苏联的可能性，遗憾的是，丘吉尔的警告没能引起斯大林的足够重视，因为当时苏联与德国签订的《苏德互不侵犯条约》依然在有效期内。

6月15日，丘吉尔电告美国罗斯福总统：

"根据我能从各方面获得的消息，其中并有最可靠的消息，德国看来即将大举进攻俄国……如果这场新战争爆发，我们当然要遵循希特勒乃是我们必须击败的敌人这项原则，给予俄国人以最大的鼓励和我们能够提供的任何援助。"

罗斯福当即通过口头方式同意了丘吉尔的这一建议。他承诺，一旦德国入侵苏联，美国立即公开支持苏联。

（三）

1941年6月21日，丘吉尔来到伦敦郊外的官邸度假，美国驻英国大使南怀特夫妇和重新登上英国外交大臣宝座的艾登夫妇等人也在那里。

席间，丘吉尔与他们谈起了德国与苏联之间的事情。丘吉尔抽了一口雪茄，慢声慢气地说：

"德国进攻俄国，现在已经是确定不疑的事情了。希特勒正指望博得英国、美国资本家和右翼势力的同情，但希特勒错了，我们应当全力帮助俄国。"

南怀特也坚定地表示：

"美国的态度也一样。"

饭后，丘吉尔同他的秘书之一科尔维尔在官邸附近的草地上散步。他们的谈论又回到这个话题上，科尔维尔问丘吉尔：

"对你这个头号反共分子来说，这样一来是不是就同流合污了？"

丘吉尔看了看科尔维尔，坚定地回答说：

"完全不是这样，我只有一个目的，就是打倒希特勒，我的一生这样一来就变得简单多了。如果希特勒攻打地狱，我至少会在下议院为魔鬼说几句好话。"

6月22日凌晨，希特勒撕毁《苏德互不侵犯条约》，突然出动190个师、3700辆坦克、4900架飞机、4.7万门大炮和190艘战舰，兵分三路以闪电战的方式突袭苏联。第二次世界大战的规模扩大了，反法西斯阵营中又出现了一个强大的盟友——苏联。

凌晨4点，科尔维尔被外交部打来的电话惊醒。当他听到德国已经进攻苏联的消息时，惊讶得半天合不拢嘴。不过，丘吉尔已经明确告诉科尔维尔，除非希特勒攻打英格兰，否则不准叫醒他，因此直到早晨8点，科尔维尔才把这一消息告诉丘吉尔。

丘吉尔听到这一消息时显得十分平静，只是淡淡地说：

"通知广播公司，我在今晚9点发表讲话。"

当晚，丘吉尔发表了演说，他说：

"希特勒进攻俄国，只不过是企图进攻不列颠诸岛的前奏……俄国的危难就是我们的危难，也是美国的危难，正如俄国人为保卫家乡而战的事业，是世界各地的自由人民和自由民族的事业一样。"

随后丘吉尔又强调：

"在过去的25年中，没有一个人像我这样始终一贯地反对共产主义……但是，面对共同威胁整个人类的敌人，我们大英帝国只有一个目的，那就是彻底消灭希特勒和纳粹制度的一切痕迹。因此，我们要给俄国和俄国人一切可能的援助。"

从保卫英国和英国人民的角度出发，丘吉尔在意识形态面前作出了让步，表现出了一个伟大国务活动家的卓识、气魄和风度。在丘吉尔的促成下，英、苏两国于1941年7月12日签订了在对德战争中采取共同行动的协定，规定双方不同德国谈判和单独媾和。

随后，英国还派遣两个中队"飓风"式战斗机到苏联摩尔曼斯克去护卫北部运输线，派军队到伊朗建立当地供应线，并防止德国夺取油田。1942年5月26日，两国正式签订《英苏同盟条约》。

德国入侵苏联极大地改变了战争的格局，也促使日本在亚洲确立了南进政策。7月24日，日军对法属印度支那（即今中南半岛大部地区）发动攻势，并于当天占领了印度支那南部。日军占领印度支那之后，就可以随时进攻马来西亚的英国、菲律宾的美国和东印度的荷兰了。

美国政府对日军的这一侵略行为立即做出强烈反应，罗斯福总统立即要求日本政府促使印度支那中立，全面撤军。为加强这一敦促的分量，他还颁发了冻结日本在美国的所有财产的行政命令。丘吉尔立即响应了罗斯福的这一声明。

两天之后，荷兰政府也宣布对日本实施制裁，限制对日本的石油供应。

出身贵族的丘吉尔有严重的重男轻女观念，但随着年龄的增长，尤其看到英国妇女们在第二次世界大战期间所作的贡献，他的这种观念在晚年有了很大的改变。因此，他于1958年主持剑桥学院理事会时，提出了要平等地接受女子入学的建议。

第十七章　建立反法西斯同盟

胜利不是结束，失败不是死亡，真正重要的是敢于继续的勇气。

——丘吉尔

（一）

随着美、英两国在反法西斯战争中的联系逐步密切起来，丘吉尔感到有必要同美国总统罗斯福见一面。

1941年8月4日，丘吉尔和他的随从登上"威尔士亲王号"，在几艘驱逐舰的护卫下驶往纽芬兰普拉森夏湾。他已经与罗斯福总统约定，两人将在那里举行会晤。

9日早晨，"威尔士亲王号"抵达目的地。此时，罗斯福已经坐在"奥古斯塔号"的甲板上等待丘吉尔了。当丘吉尔登上"奥古斯塔号"的船梯时，美国海军仪仗队立即举枪向其致敬。丘吉尔也停下脚步，礼节性向后甲板方向致敬。

然后，他迈着有力的步伐走向坐在轮椅上的罗斯福总统。丘吉尔向罗斯福伸出双手，朗声道：

"终于见到您了，总统先生！"

罗斯福立即回答道：

"能在这儿跟您相会，我感到很高兴，丘吉尔先生！"

两位历史巨人的手紧紧地握住一起，这意味着：美国和英国将携起手来，共同对付德、意、日三国轴心的法西斯侵略者。

双方攀谈过后，罗斯福留丘吉尔一起吃午饭，随后又邀请丘吉尔晚上到军舰上出席正式晚宴。这正合丘吉尔心意，他正想借吃饭的时机与罗斯福加深友谊，进而争取美国对英国的支持。

举行晚宴的次日，罗斯福与随行人员登上英国"威尔士亲王号"军舰与英国人一起做礼拜。礼拜结束后，丘吉尔郑重其事地对罗斯福说：

"我并不笃信宗教，但我得感谢上帝，因为美国政府此时此刻的领导人不是别人，而是您。"

美、英双方的会谈共进行了4天，两位领导人商讨了新形势下的共同行动方针，并共同发表了一项被称为《大西洋宪章》的8点原则声明。声明表达了两方共同战胜法西斯、争取世界和平的原则立场，提出为此有必要建立一个全球性国际组织的问题。

《大西洋宪章》的发表表明：美、英、苏联合起来共同反对法西斯势力已有了共同的原则基础，同时也奠定了在战后建立联合国的基础。

《大西洋宪章》发表3个月后，即1941年12月7日，日本不宣而战，偷袭了美国在太平洋上最重要的海军基地珍珠港，美国太平洋舰队几乎全军覆没。

与此同时，日本还轰炸了香港和新加坡，紧接着又对英、美、荷在太平洋各属地发动了进攻。

12月8日，英、美两国对日宣战。美国直接介入到第二次世界大战中极大地改变了战争的格局，至此，第二次世界大战中的阵营结构最后形成：德国、意大利、日本三大轴心国及芬兰、匈牙利、罗马尼亚等国为一方，美国、英国、苏联、中国等反法西斯同盟和全世界反法西斯力量为另一方，在全球范围内进行了一场规模浩大的战争。

美、英这两个西方最强大的资本主义国家同社会主义的苏联结成同盟，这是第二次世界大战进程中最为重要的里程碑。美国总统罗斯福、英国首相丘吉尔和苏联最高统帅斯大林面对严峻的形势，为争取的战争的胜利，都从不同侧面以不同方式进行了不懈的、坚忍不拔的和真诚的努力！

（二）

　　珍珠港事件爆发之后，丘吉尔立即提出与罗斯福再次举行会晤。他担心美国会把全部力量投入到太平洋战争，从而忽略援英、援苏方面所承担的义务。罗斯福很爽快地答应了丘吉尔的提议。

　　1941年12月14日，丘吉尔乘坐新下水的"约克公爵号"，冒着狂风巨浪和遭遇德国潜艇的危险，经过漫长的8天航程，终于在12月22日抵达华盛顿。

　　丘吉尔这次访美是秘密进行的。除罗斯福和几位重要的军政界人物之外，没有人知道丘吉尔已经抵达华盛顿。当晚，丘吉尔和罗斯福就进行了一系列的会谈，这次会谈就是历史上著名的"阿卡迪亚"会议。

　　阿卡迪亚是古希腊的一个小城邦，位于伯罗奔尼撒半岛中部的高原地区。由于与世隔绝，这里的居民在古希腊时代都过着一种富有淳朴气息的田园生活。他们远离世俗、远离喧嚣，就如中国伟大诗人陶渊明笔下的"桃花源"一样。于是，在西方文化中，阿卡迪亚便成了世外桃源。罗斯福和丘吉尔将这次会议的代号定为"阿卡迪亚"，也表明他们重建和平世界的美好愿望。

　　会议进行得很顺利，几乎就所有的重大问题上达成了协议。罗斯福与丘吉尔重申了双方参谋人员早先作出的决定，采取"先欧后亚"的战略，先打败德国这个最主要的敌人，然后再着手对付日本。这次会议还确定成立了英美联合参谋长委员会，在太平洋地区建立英、美、荷盟军联合司令部、成立军需品分配委员会等5个联合机构，统筹盟国在军火、船运和原料等方面的经济活动。鉴于苏联在抗击法西斯德国中的重要作用，罗斯福决定恢复曾一度终止的对苏援助。

会议的主要政治成果是起草了一份所有参加反轴心国战争的国家所必须接受的原则宣言，这个宣言便是历史上著名的《联合国家宣言》。宣言是由美国国务院起草的，罗斯福看过之后表示满意，便交给丘吉尔和苏联政府，希望他们也能同意。

会谈期间，丘吉尔和罗斯福相处得非常亲密，总是一起共进午餐和晚餐，罗斯福每次都亲自配好餐前饮用的鸡尾酒，丘吉尔还常常为罗斯福推轮椅。

有一次，丘吉尔正在淋浴，罗斯福无意之间打开了浴室的门，他连忙向丘吉尔道歉道：

"哦，温斯顿，真是对不起！"

丘吉尔笑着回答说：

"没关系，英国首相对美国总统没有任何可隐瞒的东西。"

两人还经常在晚上到对方的房间交谈。丘吉尔知道罗斯福有早睡的习惯，每到晚上10点便假装告辞。而罗斯福知道丘吉尔习惯在夜间工作，便挽留他继续谈下去。就这样，两人经常把酒畅谈，聊到凌晨。

罗斯福的妻子埃莉诺有些生气，她经常在屋里进进出出，暗示时候不早，想让丘吉尔回去休息，但丘吉尔就是不走。

（三）

12月24日晚上是西方的平安夜，这一天，华盛顿的节日气氛并没有因为战争而受到多大的影响，依然像往年一样热烈。白宫轮廓映现在火树银花中，3万多名民众聚集在白宫前的草坪上，希望跟他们的总统共同度过这一美好的节日。他们还不知道这一年的平安夜对世界来说具有多么重大的意义，因为罗斯福的身边多了一个人，他就是英国首相丘吉尔。

丘吉尔和罗斯福共同主持了此次白宫草坪上点燃圣诞树的仪式。当缀满缤纷饰物的圣诞树闪烁出瑰丽的光芒时，罗斯福总统向美国民众介绍了丘吉尔，并称他为"伙伴、老相识和好朋友"。

丘吉尔发表了一篇辞藻华丽而又动情演说，他说：

虽然我在这一个特殊的日子里远离自己的家庭和祖国，但能够跟你们在一起度过这个欢快的节日，我一点也没有异乡的感觉。我不知道这是因为我本人的母系血统和你们相同，抑或是由于我多年来在这个伟大的国家所获得的友谊，抑或是由于这两个文字相同、信仰相同、理想相同的国家在共同奋斗中所产生出来的认同感，抑或是由于上述种种原因的综合……

今年的圣诞前夕与以往任何一个圣诞节都不同，它是如此奇异，因为整个世界都卷入了一场生死搏斗之中，人类充分发挥了自己的聪明才智，使用科学所能设计的一切恐怖武器互相厮杀着。假如我们不是深信自己对别国领土和财富没有贪图的恶念，没有攫取物资的野心，没有卑鄙的念头，那么我们在今年的圣诞节中，一定会很难过！

丘吉尔在最后号召美国人民：

战争的狂潮虽然在各地奔腾，让我们时刻都处在心惊肉跳之中，但在今天，每一个家庭都在宁静肃穆的空气里过节。今天晚上，我们可以暂时把恐惧、忧虑的心情抛开，为那些可爱的孩子们营造一个快乐的世界吧……快乐之后，请大家不要忘记摆在我们面前的严峻使命。明年，我们将面对更为艰苦的任务，但我们必须战斗、战斗、再战斗！我们要让我们的孩子所应继承的产业不致被人剥夺，我们要让我们的孩子在文明世界中所应的自由生活不致被人破坏！

丘吉尔的这篇演说一下子拉近了他跟美国民众的距离，在场的人感动得热血沸腾。人们奔走相告，将丘吉尔的这篇演说传到了美国的每一个角落。

圣诞节过后，丘吉尔在罗斯福的陪同下到美国国会山向两院联席会议致辞。这一次，丘吉尔再次发挥了自己作为一个伟大演说家的天赋，向参众两院的议员们发表了自己生平最动人的演说之一。

他说，在未来的岁月里，英美两国将为人类文明的命运而庄严地并肩战斗。为唤醒议员们的亲近和认同感，他再次把自己的母亲是美国人这一事实搬了出来。他说：

"我不禁想起：如果我的父亲不是英国人而是美国人，而我的母亲不是美国人而是英国人的话，那么我大有可能凭自己的力量成为诸位在座中的一员。"

1942年元旦，美、英、苏、中等26个反法西斯国家的代表齐集华盛顿，签署了《联合国家宣言》。《联合国家宣言》重申了《大西洋宪章》的宗旨与原则，并规定：各签字国政府保证使用全部军事和经济资源来抵御与之处于交战状态的轴心国成员及其附属国；保证同本宣言签字国政府合作；保证不同敌人单独停战或媾和；等等。

至此，不同社会制度、种族、信仰和语言的国家在打败法西斯的共同旗帜下，实现了从政治、经济和军事方面的空前大联合，以美、英、苏、中为主体部分的国际反法西斯同盟正式宣告成立。

第十八章　正义的胜利

苦难是财富还是耻辱？当你战胜了苦难时，它就是你的财富；可当苦难战胜了你时，它就是你的耻辱。

——丘吉尔

（一）

1943年9月，意大利新任领袖巴多格利奥与盟军总司令艾森豪威尔签订了停战协定，宣布投降，并向德国宣战。意大利无条件投降了，轴心国实际上已经解体，世界反法西斯阵营中又多了一名新成员。

鉴于意大利局势的变化，丘吉尔于当年8月再次与罗斯福举行了会谈，商讨在法国登陆作战的"霸王"计划。罗斯福主张在1944年5月1日以前把驻地中海的7个师调到英国，开辟第二战场。丘吉尔在原则上同意了罗斯福的意见，但希望战役时间再往后推迟一段时间。为了取得苏联红军的配合，罗斯福致电斯大林说：

"在战争的转折关头，三大国首脑应尽早会面商讨战略问题和战后政策。"

11月28日，罗斯福、丘吉尔和斯大林这三位历史巨人终于首次在德黑兰的会议桌旁聚齐了。会议的气氛非常紧张，一开始斯大林就指出，"霸王"计划应提前到1944年5月实施，同时进攻法国南部给予支援，苏联则在东线发动攻势予以配合，阻止德军调往西线。

丘吉尔同意进行"霸王"行动，但不确定具体日期。斯大林见状，突然离座，对身边的人员说：

"我们走吧，我们在这里没有什么事好干，我们前线还有许多事要做呢……"

圆滑的罗斯福连忙说：

"现在我们都饿了，我提议休会，去出席今天斯大林元帅招待我们的午宴……"

这次会议由三国首脑轮流做东。11月30日是丘吉尔69岁的生日，他邀请罗斯福和斯大林参加他的生日宴会。像以往一样，他亲自过问了宴会每个细节。宴会开始前，他还穿着礼服在英国代表团驻地走来走去，一面等客人，一面抽着标志性的雪茄烟。

在这次宴会上，3名领导人终于在开辟第二战场的问题上达成了一致协议。次日，美、英、苏三国发表了《德黑兰宣言》。这一宣言对加强盟国团结、早日结束战争发挥了重大作用。

美、英、苏在开辟第二战场的问题上达成一致协议后，"霸王"行动的准备工作便紧锣密鼓地展开了。英国空军对德国进行大规模空袭，并对德国秘密武器的几处试验基地进行了猛烈轰炸；美国空军则集中消灭德国战斗机，空袭法国的运输网，包括铁路、公路和机场，以阻止"霸王"行动开始后德军增援部队的迅速调动。

在丘吉尔和罗斯福的精心运筹下，靠近诺曼底的英国南部也变成了一座巨大的军营。到1944年5月中旬，盟军已经集结了多达288万人的部队。海军投入作战的军舰约5300艘，其中战斗舰只包括13艘战列舰、47艘巡洋舰、134艘驱逐舰在内约1200艘，登陆舰艇4126艘，还有5000余艘运输船；空军作战飞机13700架，其中轰炸机5800架，战斗机4900架，运输机滑翔机3000架。

看到如此壮观的场面，丘吉尔的心情十分激动。这将是人类有史以来最大规模的两栖登陆战，也将是粉碎纳粹德国最有力的一战。激动的丘吉尔经常到盟军司令部去会见总司令艾森豪威尔将军，他非常希望自己能够亲眼目睹这一宏大的战事。

艾森豪威尔考虑到丘吉尔的年龄和身份地位，没有答应他。丘吉尔依然不依不饶地说：

"虽然参战的各部队均归您指挥，但参战人员并不由您确定。"

艾森豪威尔点点头，表示认可。

丘吉尔笑着说：

"那么，我可以以英舰水兵的名义签名参战，将军无法阻挡。"

艾森豪威尔无可奈何地苦笑着说：

"话是这么说，但首相阁下，您这样做会给我肩上增加沉重的责任。"

见丘吉尔的意志如此坚决，艾森豪威尔只好派他的参谋长史密斯将军去晋见英王乔治六世。乔治六世听到丘吉尔这个冲动的念头后，对史密斯说：

"温斯顿的问题由我来处理。"

几天后，乔治六世召见了丘吉尔。国王对他的首相说：

"如果您决心参加战斗，我也有义务与您一同参战。"

丘吉尔吓坏了。如果国王在战争中有何闪失的话，他可担当不起。因此，他只好放弃了亲自参战的念头。

（二）

由于战役规模比预先设计的要大得多，盟军推迟了实施"霸王"计划的时间。直到1944年6月6日，人类有史以来规模最大的两栖登陆战才打响。

盟军的登陆行动进行得十分顺利。经过一天的激战，从海上登陆的英国和加拿大部队已达到75215人。他们在宽约40公里的正面上向纵深突入了6—10公里。成功登陆的美国部队也达到了57500人，虽然他们在"奥马哈"滩头的登陆行动不大顺利，付出了3000余人伤亡的代价，但在"犹他"却站稳了脚跟。与此同时，两个空降师也正在巩固阵地。

战斗进行到6月12日之时，盟军已初步在80公里宽的正面上建立了统一的登陆场，并在同一时期输送了32.6万名官兵、5.4万辆车辆和10.4万吨军用物资上岸。虽然从登陆场的纵深来看，盟军的登陆场纵深为13—19公里，平均每昼夜的前进速度仅为1.9—2.7公里，但盟军已立住了脚跟，德军在西线的败局已定。

8月21日，盟军攻占了巴黎。8月25日，自由法国的将领勒克莱克将军奉命光荣地接受了德军的投降。从此，被德国占领达4年之久、有法兰西荣誉之称的这一伟大城市解放了。巴黎的解放，也标志着"霸王"行动的结束。

8月26日，盟军最高司令部发布的简报说：

"两个半月的苦战，最终使嗜血的德军伤亡惨重，支撑不住。因此，欧战结束近在眼前，几乎唾手可得。德国陆军在西线已土崩瓦解，巴黎再次回到法国人的怀抱，盟军正以排山倒海之势朝着第三帝国的疆界挺进。"

随着对德作战接近尾声，丘吉尔于9月再次抵达魁北克，同罗斯福商议战后重建事宜。10月，丘吉尔又去莫斯科同斯大林会谈。丘吉尔受到了斯大林的热情的款待，但由于各自的利益问题，两人的会谈并不愉快。

1945年2月4日至11日，丘吉尔、罗斯福和斯大林在苏联克里米亚半岛的雅尔塔举行了新一轮的会谈，商讨战后重建及对日作战等事宜。这次会谈既取得了一定的成果，也为战后社会主义与资本主义两大阵营的对抗埋下了隐患。

但不管如何，战争的主动权已完全掌握在盟国手中。4月20日，苏联红军在朱可夫元帅的指挥下开始炮击柏林。次日，白俄罗斯第一方面军从东面、北面，乌克兰第一方面军从南面和东南面向柏林突击，在郊区展开激战，并冲入市区。

在红军的猛烈攻击下，柏林的防御迅速土崩瓦解，大量德军官兵乔装出逃，甚至连指挥官也跑得无影无踪。希特勒在这一刻绝望了，他尖叫道：

"这就是末日了！每个人都背叛了我。除了背叛、撒谎、腐化和怯懦之外，没有别的！一切都完啦！"

4月28日晚，希特勒在地下室里收到消息：朱可夫的部队已经离总理府只有一条街了。希特勒意识到，他和第三帝国的末日来临了。希特勒作出了他一生中最后的决定——在黎明时与他的情妇爱娃·布劳恩结婚。

结婚仪式非常简单，气氛也非常凄凉。希特勒回顾了自己传奇性的一生，大大地斥责了一番那些背叛他的朋友和支持者。

4月30日早晨，希特勒指定海军元帅邓尼茨作为他的继承人，组建新政府。此时，他已经做好了自杀的准备。像往常一样，希特勒细嚼慢咽地吃了早餐。但与往日不同的是，他吃完早餐后把新婚妻子叫到身边，与她一道同周围的人道别。凄凄惨惨的告别结束之后，希特勒带着爱娃·布劳恩回到自己的卧室。

纳粹宣传部长戈培尔等希特勒的铁杆粉丝守在元首的卧室外。下午3点30分，卧室里传来一声枪响。他们都等待着第二声枪响，但却久久没有动静。

过了一会儿，他们轻轻地走进元首的房间，看到希特勒的尸体趴在沙发上，满地都是鲜血。他是对着自己的嘴开了一枪。而他的新婚妻子躺在他的身旁，手中还有残留的毒药。

众人把希特勒和爱娃的尸体搬到花园里的一个弹坑中，然后浇上汽油点燃。当火焰升起时，在场的纳粹党徒们纷纷举起左手向他们的元首行告别礼。但仪式还没结束，红军的炮弹就落在了花园里，纳粹们纷纷四散逃命。

对此，丘吉尔曾这样说：

"希特勒的火葬柴堆，和越来越响的苏联红军炮火的轰鸣，构成了第三帝国的悲惨结局。"

就在希特勒自杀的这个早晨，朱可夫指挥部队向国会大厦发起了突击。当晚，红军在大厦的主楼圆顶上升起了苏联的旗帜。

（三）

希特勒自杀之后，纳粹德国便树倒猢狲散了。5月8日午夜，苏联元帅朱可夫在柏林主持举行正式的德国无条件投降仪式。德国陆军元帅凯特尔代表德国政府向美、苏、英、法四国投降，并在无条件投降书上签字。至此，第二次世界大战欧洲战场的战事全部结束。

战争结束了，丘吉尔也完成了他的历史使命。然而，随着反法西斯战争的胜利，丘吉尔内心深处对共产主义的敌视再次暴露出来。他曾发电报给时任英国第二十一集团军群总司令蒙哥马利，吩咐他集中收藏好德国武器，"一旦苏军的攻势继续下去，我们便可以很容易地将武器重新分给同我们合作的德国士兵"。

英、苏人民都厌倦了战争，再也不想自相残杀下去了。1945年5月23日，英国的战时内阁正式辞职，英王乔治六世命令丘吉尔组织看守政府。丘吉尔满心以为，凭借他在第二次世界大战中领导英国人民取得反法西斯战争获得胜利的不争事实，他肯定会再次当选为首相，就像第一次世界大战结束后，劳合·乔治再次当选为首相一样。然而，历史的发展和人民的选择并不会因为个人的意志而转移。厌倦了战争的英国人民对工党提出的建设福利国家的目标更加感兴趣，对丘吉尔那好战的个性却保持着强烈的戒心。

7月26日，当丘吉尔正在波茨坦与时任美国总统的杜鲁门和苏联领袖斯大林商讨对日作战问题时，突然传来消息说：保守党在大选中败给工党，工党领袖克莱门特·艾德礼当选为新任首相。

当晚，丘吉尔就向国王乔治六世提出辞呈。丘吉尔非常伤心，他可以打赢场面壮观宏伟的第二次世界大战，可以打败希特勒和墨索里尼这些凶残的法西斯分子，却打不败国内一个小小的竞争对手！

随后的几天里，丘吉尔常常呆若木鸡，甚至连一句话也说不出来。但71岁高龄的丘吉尔并不死心，他相信，"工党政府不会永久存在……我们应当回去。我们一定回去，这是必然的，就像太阳明天必须会重新升起一样。"

第十九章　生命的最后时光

> 伟大的事情都很简单，而且大多数都可以被凝结成一个个简
> 单的单词：自由、公正、荣誉、责任、仁慈、希望。
>
> ——丘吉尔

（一）

下台之后，丘吉尔依然十分热心政治活动。除了撰写第二次世界大战的回忆录之外，他还多次提出建立一个统一的"欧洲合众国"的设想，以共同抵御共产主义在欧洲的扩散。

1946年3月5日，丘吉尔在美国密苏里州富尔顿的威斯敏斯特学院发表了题为"和平砥柱"的演说，宣扬他的反苏反共思想。丘吉尔在演说中指出：

"从波罗的海边的什切青到亚得里亚海边的里雅斯特，一副横贯欧洲大陆的铁幕已经拉下。"

他说，对苏联的扩张不能采取"绥靖政策"。作为正高踞于世界权力顶峰的美国，应担负起未来的责任。因此，丘吉尔主张英、美结成同盟，英语民族联合起来，制止苏联的"侵略"。

这就是著名的"铁幕演说"。"铁幕演说"迅速在世界各地传开，并引起轩然大波，很多人都把丘吉尔看成是战争贩子。斯大林也对苏联《真理报》记者发表谈话，指责丘吉尔"实质上是站在战争贩子的立场上"。

即便受到很多人的抨击，丘吉尔依然坚持他的政治偏见。在1948年10月召开的保守党年会上，丘吉尔甚至号召英国人民趁苏联尚未掌握核武器生产技术之机发动反苏战争。事实上，工党政府的外交政策也在某种程度上贯彻了丘吉尔的这种思想，只不过工党政府在对待战后风起云涌的民族独立运动和对待苏联的问题上要比丘吉尔温和一些。

当然，丘吉尔的这种态度并不是毫无来由的。第二次世界大战结束后，美国和苏联一跃成为世界上两个头号超级大国，而英国则沦为"二流国家"。出于对"日不落帝国"的怀念，丘吉尔曾在英国的殖民地，如印度、缅甸等国独立之时，千方百计进行阻挠。阻挠不成，他便无可奈何地哀叹道：

"我满怀悲伤地注视着大英帝国，连同它的全部光荣，连同它为人类所作过的全部贡献，咔嗒作响地崩塌了。"

（二）

进入20世纪50年代之后，以苏联为首的社会主义阵营与以美国为首的资本主义阵营逐步走上对立，英国政治形势突变，这种形势对丘吉尔又有利起来。英王乔治六世因长期吸烟患上了严重的肺癌和喉癌，决定于1951年秋季动手术。为保证这一事件不影响英国的政局，乔治六世于9月下旬敦促艾德礼首相举行大选。

在此次首相竞选中，丘吉尔提出了许多具体化的措施，如提出对军火企业征收超额利润税，许诺每年建造30万所房屋以解决中低收入者的居住问题等。他还开天辟地第一次使用电视媒介，通过电视画面向选民展示了清晰的竞选图表，抨击工党政府跟在美国的屁股后面，大搞军备竞赛，严重影响了民众的日常生活。

结果，77岁高龄的丘吉尔在这次竞选中以微弱的优势取得胜利。然而，再次担任首相之后，丘吉尔很快发现，由于秘密研制原子弹、氢弹等，英国已陷入财政和经济危机。但搞经济建设又不是丘吉尔的强项，而且他的年龄实在太大了，已无法承担繁重的国务活动。他的私人医生曾于1952年说，他"已经没有以往那种活动精力了，他所做的一切都是很吃力的"。

在外交上，丘吉尔的第二届任期也没有取得什么建设性的成就，这主要是由当时的世界形势所决定的。1952年，美国举行大选，艾森豪威尔当选为新任美国总统。1953年初，乔治六世因病逝世，其女伊丽莎白继位为新的国王，称伊丽莎白二世。1953年3月，苏联领袖斯大林逝世。在世界政局发生变化之际，丘吉尔也放弃了反苏的强硬态度，转而以"和平演变"的方式与社会主义国家"和平共处"。

1953年之后，丘吉尔的健康状况逐步恶化。当年6月，丘吉尔在宴请意大利总理后出现了第三次中风的状况，左边身躯开始麻痹，口齿也变得不清了。丘吉尔越来越感到，对恢复大英帝国昔日的辉煌一事，他已经是心有余而力不足了。

1954年3月，丘吉尔不无悲伤地对朋友说：

"我感到自己像一架正要结束飞行的飞机。天色已是薄暮，汽油也将耗尽，可我还在寻找安全降落的地点。"

1954年11月30日，丘吉尔迎来了他的80岁寿辰。就在这一天，丘吉尔决定于1955年1月5日辞去首相之职。随后，他便让正在东南亚参加国际会议的老搭档艾登返回伦敦，准备接班组阁。

由于各种原因，丘吉尔最终于1955年4月才辞去首相之职。4月4日，丘吉尔在唐宁街10号的首相府邸举行告别午宴，英国女王伊丽莎白二世夫妇应邀出席宴会。女王对丘吉尔辞职一事特别关心。政府官员、著名的工党成员以及一些著名的军事将领也纷纷赶来参加首相的告别午宴，向丘吉尔表达敬仰之情。

4月5日中午，丘吉尔主持了最后一次内阁会议。下午4点30分，他到白金汉宫正式递交辞呈。5点左右，丘吉尔搬出了唐宁街10号的首相府邸。

当走到门口时，丘吉尔一边悠闲地抽着雪茄，一边举起右手，再次摆出了他那著名的"V"形手势，等在门口的民众立即向他高呼致敬。随后，丘吉尔钻进汽车，离开了他熟悉的唐宁街10号。

（三）

虽然辞去了首相之职，但丘吉尔并没有完全退出政治舞台，每次大选他都参加，并且毫无悬念地赢得下议院议员的席位。直到1963年5月，他才最后宣布退休，不再参加下次大选。

1964年7月27日，丘吉尔以89岁的高龄最后一次去下议院参加会议。次日，时任英国首相的道格拉斯·霍姆提出议案，就丘吉尔对议会、国家和世界所作的贡献表示了无限赞颂和感谢。朋友们和医生都担心丘吉尔过于激动影响健康，所以没有请他参加这次会议。

1964年11月30日，丘吉尔迎来了90岁华诞。这天，他收到了6万封贺信、贺电和许多贺礼，其中还包括女王送来的鲜花和新任首相威尔逊转达的工党内阁的祝愿。体力不支的丘吉尔并没有为自己的90岁华诞举行隆重的仪式，他只是穿着一身按照战时式样缝制的服装，站在二楼的窗口，向聚集在家门口附近的祝寿人群挥手致谢。

1965年1月9日，丘吉尔得了感冒。晚上，他第一次拒绝吸烟和喝白兰地。次日，丘吉尔静静地躺在床上，没有食欲，神志也不清醒。第三天，医生们给丘吉尔作了会诊，结果发现他再次出现了中风症状。

1月15日，丘吉尔因脑血栓而昏迷。听到这个惊人的消息，他的子女们纷纷从各地赶回家中，希望能见老父亲最后一面。热心的记者和市民们也在丘吉尔的家门前踱来踱去，打听着丘吉尔的身体状况。此时，丘吉尔的私人医生莫兰已经80多岁，实在无法应付热心的民众，于是干脆把临街宣布的病情公告送到通讯社。得到丘吉尔病危的消息，内阁和议会也暂停了原定的日程，密切关注着丘吉尔的病情。

1月24日早上8点刚过，年逾古稀的丘吉尔油尽灯枯，无声无息地离开了世界。那天，天空飘洒着细细的冷雨，议会大厦前的英国国旗缓缓降了半旗，教堂里敲响了吊丧的钟声，800万伦敦市民从电台听到丘吉尔逝世的消息后，纷纷自发前来吊唁……

这时，广播中又响起了丘吉尔出任战时首相时发表的就职演说：

> 我没有别的，只有热血、辛劳、眼泪和汗水献给大家……你们问：我们的目的是什么？我可以用一个词来回答：胜利——不惜一切代价去争取胜利，无论多么恐怖也要去争取胜利，无论道路多么遥远和艰难也要去争取胜利！因为，没有胜利就不能生存。

丘吉尔那雄壮、坚强的声音一下子把人们拉回到25年前那危急和拼搏的岁月。人们想起：正是在这位历史巨人的带领下，英国人民才战胜了万恶的法西斯。

威尔逊首相站在丘吉尔的灵前，喃喃地说：

"温斯顿·丘吉尔阁下亲手创造并谱写了历史。"

女王建议为丘吉尔举行国葬。在此之前，英国为非国家元首而举行国葬只有两次，一次是1853年为打败拿破仑的惠灵顿将军举行的，另一次是1898年为大政治家格莱斯顿首相举行的。此次，丘吉尔非常荣幸地得到了英国历史上第三次为非国家元首举行的国葬。

1月30日，寒风刺骨，伦敦上空笼罩着一片阴云。那辆专门为举行国葬而准备的炮车载着丘吉尔的灵柩，从威斯敏斯特大厅出发，穿过议会广场，经过白金汉宫，缓缓驶过伦敦的街道。在这位伟人的灵柩上，覆盖着英国国旗和女王颁发给他的嘉德勋章。

当灵车来到圣保罗大教堂时，女王和各国元首、首脑等贵宾都已提前在那里等候。隆重的仪式由合唱圣诗和奏哀乐开始，接着大主教做祈祷，大家垂首默哀，以唱丘吉尔喜欢的《共和战歌》结束。

午后，灵柩又被装上炮车，来到伦敦塔旁的栈桥。然后，几名海军军官把它抬上游艇。游艇离开码头，沿泰晤士河逆流而上。空军喷气式飞机以分列式掠空而过，护卫着这个空军大臣、曾经指挥海陆空三军的伟人……

游艇在滑铁卢车站靠岸，丘吉尔的灵柩被送上由"不列颠战役"号改装的"温斯顿·丘吉尔"号特别列车，缓缓驶向丘吉尔的故乡。丘吉尔的遗体最后安葬在故乡伍德斯托克旁边的布赖顿教堂墓地，同他的父母和弟弟长眠在一起。

时光匆匆逝去，但英国人民始终没有忘记他们这位伟大的首相。1973年11月，新修复的议会大厦落成时，高达3.66米的丘吉尔全身雕像也威严雄壮地伫立在它的正门前。2002年，在英国广播公司举行的"最伟大的100名英国人"的调查中，丘吉尔获选为"有史以来最伟大的英国人"。

丘吉尔是20世纪八大演说家之一，其演说以精练准确、生动形象著称。有一次，一位演讲爱好者问他："如果让你作2分钟的演讲，需要多少时间准备？"丘吉尔回答："半个月。""如果让你作5分钟的演讲，需要多长时间？""一个星期。""那么让你做一个小时的演讲呢？""现在就可以。"丘吉尔的不同回答带有一定的幽默性，但内中强调的精神是引人发省的：越要把话讲精练、讲精彩、讲短，越要花更多的时间去准备。

丘吉尔生平大事年表

1874年11月30日　温斯顿·伦纳德·斯宾塞·丘吉尔诞生于英国牛津郡伍德斯托克镇布伦海姆宫。

1881年　就读于阿斯科特圣乔治寄宿学校。

1884年　从圣乔治贵族子弟寄宿学校转到布雷顿的汤姆逊学校就读。

1888年　从汤姆逊学校转到哈罗公学读书。

1893年　被桑赫斯特皇家军事学校录取。

1895年　通过桑赫斯特皇家军事学校毕业考试。同年父亲伦道夫·丘吉尔去世。被任命为骑兵中尉军官，分配到第四骠骑兵团服役，与同伴巴恩斯中尉一起赶赴古巴，以战地记者身份采访西班牙军队对古巴民族解放运动游击队的讨伐行动。

1896年　随所属第四骠骑兵团驻防于印度南部的班加罗尔。

1897年　以随军记者身份参加英印军队在印度西北边境地区对起义的游牧部落开展的军事行动，并亲身参加战斗。

1898年　《马拉坎德野战军纪实》一书出版。乘船赴埃及，加入在苏丹的英国皇家骑兵团。

1899年　辞去军职，离开印度返回英国。前往奥德姆选区第一次参加竞选，但遭到失败。

1900年　《萨伏罗拉》、《从伦敦到莱迪史密斯》、《伊恩·汉密尔顿的进军》等书籍出版。当选为奥德姆地区的保守党议员。

1901年　到加拿大发表关于南非战争的演讲。

1904年　在下院与保守党断绝联系。

1905年　被保守党取消其党员资格，参加自由党。谢绝担任财政部次官的邀请，就任殖民地事务部次官。

1906年　在曼彻斯特西北选区大选中当选为自由党议员。

1907年　出发作东非之行。

1908年　从东非返回英国。被提名担任商务大臣，并进入内阁。与克莱门蒂娜结婚。

1909年　向下院提出在几个适当行业建立工资协商组织的提案，获通过。

1910年　当选为自由党议员。就任阿斯奎斯政府内政大臣。

1911年　与麦肯纳交换职务，转任海军大臣。

1912年　在海军部正式建立作战参谋部。

1914年　在收到"德国已经对俄国宣战"的电讯后，下达海军总动员令。

1915年　在战时委员会上提出达达尼尔计划。被解除海军大臣职务，改任兰开斯特公爵郡（不管部）大臣。辞去内阁职务，前往法国前线参加战斗。

1916年　回英国参加下院关于海军预算的辩论。放弃军职，重新开始政治生涯。

1917年　被劳合·乔治提名为军需大臣。

1918年　再次在丹迪市当选为自由党议员。

1919年　在联合政府中就任陆军大臣兼空军大臣。敦促英国政府干涉俄国革命。

1921年　转任殖民地事务大臣。

1922年　在对土耳其的争端中持强硬态度。两党联合破裂，政府倒台，失去殖民地事务大臣职务。在丹迪市的大选中落选，遭到第一次失败。

1923年　在西莱斯特选区参加大选遭到第二次失败。

1924年　同自由党分手。在威斯敏斯特选区以"独立的反社会主义者"名义参加补缺选举遭到第三次失败。以"宪政主义者"名义代表保守党参加埃平选区选举获胜，就任鲍德温政府财政大臣。

1925年　重返保守党。

1926年　在下院作关于第二个财政预算的演说。

1927年　在下院作关于第三个财政预算的演说。

1929年　参加埃平选区选举获胜，当选为保守党议员，但失去财政大臣职务。

1931年　与鲍德温政府决裂，宣布退出保守党。

1935年　在鲍德温国民内阁中任帝国防务委员会下属的空防研究委员会委员。

1937年　首相兼保守党领袖鲍德温引退，张伯伦继任。

1938年　由英、法、德、意四国首脑举行慕尼黑会议，同意肢解捷克斯洛伐克，激烈抨击慕尼黑协定。

1939年　德国进攻波兰，英法向德国宣战，张伯伦邀请丘吉尔出任海军大臣。

1940年　德军攻占挪威和丹麦，丘吉尔就任联合政府首相。

1941年　《租借法案》在美国国会获得通过。在大西洋上同美国总统罗斯福会谈，签署《大西洋宪章》。日本袭击珍珠港，发动了太平洋战争，丘吉尔乘"约克公爵"号到美国再次同罗斯福会谈。

1942年　飞往华盛顿与罗斯福总统讨论进攻北非的计划。飞往莫斯科同斯大林会晤。

1943年　参加卡萨布兰卡会议。访问北非会晤戴高乐。参加开罗会议。参加德黑兰会议。

1944年　"霸王行动"开始，盟军在诺曼底登陆。

1945年　参加雅尔塔会议。希特勒自杀，德国宣布投降。丘吉尔辞职，解散战时联合政府。

1946年　被授予功勋章。

1951年　重任保守党内阁首相。

1953年　被授予嘉德勋章，以表彰他对英帝国所作的贡献。

1955年　辞去首相职务。

1963年　美国总统肯尼迪宣布授予丘吉尔"美国荣誉公民"称号。

1964年　90岁诞辰。

1965年　1月24日，温斯顿·伦纳德·斯宾塞·丘吉尔因病逝世，终年91岁。